Romancero De Don Pedro I De Castilla

Cheix Martínez, Isabel, 1839-1899

D. PEDRO I DE CASTILLA

ISABEL CHEIX MARTÍNEZ

ROMANCERO

DE

DON PEDRO I

DE CASTILLA

Premiado en los Juegos Florales celebrados por el Ateneo
y Sociedad de Excursiones el 23 de Abril de 1895.

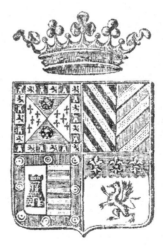

SEVILLA

Imp. de E. RASCO, Bustos Tavera 1

1898

Excmo. Sr. D. MANUEL PÉREZ DE GUZ-
MÁN Y BOZA, Marqués de Jerez de los
Caballeros.

El dedicar á V. E. este pequeño trabajo es muy grato á la que, atraída por tan simpático asunto, concurrió á obtener el premio ofrecido por V. E. para los Juegos Florales del Ateneo.

Sirvan, pues, estos renglones de testimonio á la gratitud y consideración distinguida de

ISABEL CHEIX.

DOS PALABRAS

Cuando la insigne escritora señorita D.ª Isabel Cheix Martínez me favoreció con el encargo de escribir estas líneas para prefacio de su libro, prefiriendo mi nombre obscuro entre los muchos ilustres que decoran las sevillanas letras, ingenuamente lo declaro, no supe al pronto á qué atribuir tan señalada honra; mas á poco que discurrí sobre el caso caí en la cuenta del por qué del singular favor que me dispensaba. A la verdad, nada más grato para mi corazón. Atendía la inspirada poetisa, no á los méritos del escritor, porque éstos en mí son nulos, sino á la memoria, por mí venerada, del hombre sin tacha, del varón virtuoso á quien di el bendito nombre de padre; literato modestísimo, de mé-

rito relevante, el cual, há muchos años, en
1847, publicó en esta ciudad un libro titu-
lado *Historia del reinado de D. Pedro I de
Castilla, llamado el Cruel*

El asunto de este *Romancero* es igual
al de la obra del Sr D. José María Montoto y López (q. d. D. g.), y el juicio de
la poetisa sevillana acerca de aquel mal-
aventurado Monarca y de su turbulento
reinado, muy semejante al del historiador
humilde que, al escribir su celebrado libro
en los años risueños de su juventud, procuró cuidadoso ocultar su nombre por re-
putarlo indigno de la publicidad.

Hé aquí por qué la Srta. D.ª Isabel
Cheix Martínez, con la delicadeza de sentimientos que sólo en almas de mujeres
cabe, al buscar un nombre que abriese las
páginas de su precioso *Romancero* pensó
en el de un escritor sin méritos y sin fama. honra dispensada al hijo en honor á
la santa memoria del padre.

Cierto que este libro no ha menester
prólogo, y que si lo necesitase no sería el
autor de las presentes líneas quien con
autoridad pudiera escribirlo. No obstante,
¿cabe en lo posible que quien se precia
de agradecido y de humildísimo con las
damas, por ley de galantería que á todo
español obliga, se niegue á complacer á
la autora del Romancero de *D. Pedro I*

de Castilla, y á mal pergeñar estos renglones que, por ser míos, nada han de decir de provecho?

No necesita la ilustre escritora del patrocinio de autoridades literarias, aquí donde tantas hay, para que su *Romancero* rompa la indiferencia general y sea leído y estimado en lo mucho que vale. Su nombre es conocido y celebrado de cuantos cultivan las Letras en España; su firma honra importantes publicaciones; sus obras corren de mano en mano con merecido aplauso; su carrera literaria está sembrada de flores, y en estos últimos años comparte los laureles de la gloria con las insignes poetisas Antonia Díaz de Lamarque, Victorina Sáenz de Tejada, Blanca de los Ríos, Concepción de Estevarena y Mercedes de Velilla, decoro del parnaso sevillano.

Bastaría citar los títulos de las obras que ha dado á la estampa para demostrar cumplidamente que á cultivar las letras ha aplicado su inteligencia clarísima en los mejores años de su vida.

Los poemas *La Cruz del Valle* y *Los Dolores de la Santísima Virgen* son gallarda muestra de su inspiración ardiente y de la ternura de su corazón de mujer privilegiada. Las novelas *La cueva de los diamantes, La niña de oro, Aurora-María,*

Fátima, Dos amores, Marilinda, Flor del Alba, Oro y oropel, El relicario, Nieves, La mala consejera y *La fuente de los álamos,* entre otras muchas, la acreditan de ser digna compañera de aquella otra mujer esclarecida, sevillana de corazón y amantísima del pueblo andaluz, cuyas costumbres copió con sin igual pluma en libros que durarán tanto como la hermosa lengua castellana. la inolvidable Cecilia Wohl, conocida por el seudónimo *Fernán Caballero*. Las obras religiosas *La Estrella del Mar* (historia de la Virgen María) y *La Reformadora del Carmelo* (vida de Santa Teresa de Jesús) presentan á las claras, no sólo á la escritora de mérito sobresaliente, sino también á la dama española cuyo corazón palpita caldeado por el fuego de los más vivos sentimientos religiosos.

Muchas corporaciones científicas y literarias han honrado en públicos certámenes á la autora de este libro. La Real Academia Sevillana de Buenas Letras la premió en siete ocasiones por otras tantas obras de poesía; y el Liceo de Málaga, y el Ateneo de Murcia, y la Academia Mariana de Lérida, y la Escuela Normal de Sevilla y otros centros doctísimos, que no se desdeñan de fomentar el cultivo de la gaya ciencia, galardonaron repetidas veces á la autora del *Romancero de D. Pedro I de Castilla.*

Sale este libro sin prólogo; pues, como dije al principio, no lo há menester. Viene á la vida de la publicidad escudado con su propio mérito, que lo ampara contra todo linaje de censuras, y acredita por modo eficaz que en nuestros días, como en los de D.ª Feliciana Enríquez de Guzmán y D.ª Ana Caro de Mallén, la mujer sevillana contribuye con los peregrinos frutos de su ingenio al esplendor de la cultura española. Acredita también que el nombre de la Srta. D.ª Isabel Cheix Martínez figura dignamente en el largo y glorioso catálogo de las ilustres damas que en esta nación de los grandes genios han probado hasta la saciedad que la mujer no es por su inteligencia inferior al hombre.

Aquí donde brillaron con luz propia Teresa de Jesús, de quien Leibniz confiesa haber tomado los principios de la más sublime filosofía; D.ª Oliva Sabuco de Nantes, digna de toda alabanza, según escribe D. Antonio Fernández Morejón, por haber vislumbrado muchos fenómenos fisiológicos debidos á la lectura de las obras de Hipócrates, Platón, Eliano y otros médicos y filósofos antiguos; Sor María de Agreda, á quien D. Francisco Silvela llama consejera de reyes, consuelo de prin-

cesas en sus tribulaciones y confidente de
magnates y cortesanos; D.ª Beatriz Ga-
lindo, *la Latina;* Luisa de Sigea, *Minerva
de su siglo;* Julia de Morrell, la comenta-
dora de Aristóteles; Isabel de Foxa y Ro-
seres, cuya palabra de fuego sacó de sus
errores á muchos judíos, convencidos de
la verdad que predicaba, Francisca de Le-
brija, descendiente del sabio gramático, á
quien sustituyó en su cátedra de la Univer-
sidad de Salamanca, ciudad ésta á la sazón
emporio de las letras y las ciencias; Sor
Juana Inés de la Cruz, la amantísima *Mon-
ja de Méjico,* llamada por sus contempo-
ráneos *décima musa,* cuyas poesías calificó
Feijóo de agudas y eruditas, D.ª María de
Zayas, la eximia novelista; y, en nuestros
días, Gertrudis Gómez de Avellaneda, de
quien escribe D. Juan Nicasio Gallego que
todo en sus cantos es nervioso y varonil,
costando trabajo persuadirse que no son
obra de un escritor del otro sexo; Caro-
lina Coronado, la cual, según el docto escritor D. Juan P. Criado y Domínguez,
sin llegar con sus arrogantes valentías á
las elevadas regiones que con su numen
prepotente escaló la *Peregrina,* sabe con-
mover á veces de un modo más placente-
ro, Cecilia Wohl, cuyas novelas hacen decir al erudito sevillano Asensio y Toledo
que desde que Cervantes trazó sus inimi-

tables obras la novela española no había vuelto á presentar ejemplares de carácter propio hasta la aparición de *Fernán Caballero;* Concepción Arenal, pensadora profunda, autora del libro de oro *La Mujer del Porvenir;* Emilia Pardo Bazán, Ángela Grassi, María del Pilar Sinués, Joaquina García Balmaseda, Patrocinio de Biedma y otras muchas damas privilegiadas, que no cito por no dilatar más esta enumeración; aquí donde esos nombres luminosos patentizan la superioridad de la mujer española, la Srta. D.ª Isabel Cheix Martínez puede ostentar el suyo ilustre, ganado en las honrosas lides del talento.

LUÍS MONTOTO.

ROMANCERO

I

TORMENTOS DE UNA REINA

DIFÍCILMENTE pudiera
Ser de la historia trofeo
Reinado más infelice
Que el reinado de don Pedro.
En vez de nobles hazañas
Traiciones, muertes y duelos;
En vez de luz negras sombras
De crímenes y adulterios.
De las maternas entrañas
Fruto de largos desprecios (1),
Vino al mundo envenenado
Desde su alentar primero.
Si amargo fué, no se extrañe,
Que en vez de leche le dieron
La hiel de las decepciones
Y el acíbar de los celos.

¡Desdichada de la esposa
Que no sabe poner freno
Á la soberbia humillada
Cuando le desgarra el pecho;
Y en vez de plegarias tiernas,
Y en lugar de dulces besos,
Con su rencor amamanta
Al niño que está meciendo!
No es culpa, no, del infante
El ser malo ni el ser bueno,
Pues con instintos de fiera
Por ventura no nacemos.
La educación es el todo,
Salvo contados ejemplos;
Si en ella siembran zizaña,
Zizaña cogerán luego.
Sentada, pues, esta base
(Y no disculpar pretendo
Al que unos *cruel* apodan
Y otros llaman *justiciero),*
Empiezo sencillamente
La narración de los hechos,
Y juzguen los que la lean
La verdad de mis asertos.

. . . .

. . . .

El día treinta de Agosto
Del año de mil trescientos

Y treinta y cuatro veía
La primera luz don Pedro.
Burgos, la ciudad famosa
Cuna del Cid y de aquellos
Laín Calvo y *Nuño Rasura*,
De sabios jueces modelo,
Le recibió alborozada,
Fundadamente creyendo
Que lazo de unión sería
Entre los consortes regios.
Mas ¡ay! que á un amor culpable
Entregado Alfonso Onceno,
Despreció el rico presente
Que le otorgaban los Cielos:
Y mientras doña María,
En saña y rencor ardiendo,
Sobre la cuna del niño
Vertía lágrimas de fuego,
El Rey volaba á los brazos
De su dama, desoyendo
Así el dolor de la Reina
Como las quejas del reino.
Llamábanle en altas voces
Con impuro atrevimiento
De doña Leonor las gracias,
De otros hijos los extremos;
Y olvidando por bastardos
Al legítimo heredero,

El porvenir preparaba
Terrible, espantoso y negro.
¡Ay flaquezas tan costosas,
Y tan visibles viniendo
De los mismos que debían
Ser de virtudes ejemplo,
Que, irreparables desdichas,
Que, de escándalos y yerros,
Á graves faltas de reyes
Suelen servir de cortejo!

De alcázares solitarios
Los helados aposentos
Fueron de doña María,
Más bien que corte, destierro:
Y deplorando sus penas,
Y abrasándose de celos,
Y sufriendo los desaires
De serviles palaciegos,
Que al sol del favor corrían
Con desatinado empeño,
Contó por siglos los años
Y por años los momentos.
Tan sólo don Juan Alfonso,
El portugués caballero
Que Obispo de Astorga fuera
Por sus relevantes méritos,
Le era fiel heróicamente;

Mas ni sus sabios consejos,
Ni la voz de la prudencia,
Ni la blanda acción del tiempo,
De su corazón domaban
Los arrebatos soberbios
Contra la audaz favorita
Que le robaba su dueño.
La memoria de Fernando,
El niño que subió al Cielo
Apenas tocó la tierra,
Aumentaba sus tormentos;
Porque ella sólo tenía
Un fruto del amor regio,
Y la amiga de su esposo
Hasta dos hijos gemelos... (2)
Si acaso tendía la vista
Por los salones desiertos,
Al verse sin servidores
Rebosaba en ira el pecho;
Ira de tan grave daño
Cual mortífero veneno.
¡Y la mísera con ella
Iba al infante nutriendo!

II

ALGO DE HISTORIA

Mientras la olvidada Reina,
Á solas con sus cuidados,
Miraba pasar los días
Sin corte ni cortesanos,
Don Alfonso, con su empleo
Amoroso bien hallado,
Juzgaba cielo la tierra
De la favorita en brazos.
Á su espléndida hermosura
Y á sus blasones hidalgos
Juntaba doña Leonor
Un talento nada escaso
(Que probó cuando el infante
Don Juan Manuel, pretextando,
Que el no ser madre la Reina
Era motivo sobrado

De que el Rey la repudiara,
Le aconsejaba insensato
Que obligara al tierno amante
Á elevaila al regio tálamo).
Con buen acuerdo negóse
La favorita á este trato (3);
Mas con su gracia hechicera
Y cariñosos halagos
Remachaba de continuo
Las cadenas de su esclavo,
Hasta ser tales amores
Grave motivo de escándalo.
Daba al Rey la de Guzmán
Un hijo por cada año,
Y él con villas y lugares
Enriquecía los bastardos,
Que eran pedazos de honra
Y de su reino pedazos;
Semilla de descontentos
Y semillero de bandos.
Las pasadas minorías
Malas memorias dejaron;
Mas tales eran los tiempos,
Que anunciaban ser más malos.
Alzábanse por doquiera
Ambiciosos y contrarios;
Y como al Rey lo de amante
No le quitaba lo bravo,

Guerreaba con los moros
De Gibraltar en el campo
Para recobrar la plaza
Que por traiciones tomaron.
Mas siendo el Rey granadino
Muerto por aleve mano,
Con su hermano y heredero
Don Alfonso ajustó pactos,
Firmando los dos monarcas
Las treguas por cuatro años,
En honrosas condiciones
Y con buenos resultados (4).
Libre ya de este enemigo,
Quiso el regio castellano
En tres rebeldes magnates
Vengar antiguos agravios.
Cual hizo con Juan el Tuerto (5)
Y Alvar Núñez, llevó á cabo
En la terrible justicia
De Juan Alfonso de Haro (6).
Persiguió luego al de Lara
Hasta lograr humillarlo
Y que fuera de sus reinos
El vencido tributario (7).
Y, por último, al infante
Don Juan Manuel, esperando
Rendirle también, en Leima
Púsole cerco apretado.

Mas el portugués monarca,
Á quien la vida de llanto
Y desprecios de su hija
Tenían con el Rey enojado,
Defendió al rebelde Infante,
Á Don Alfonso intimando
Dejase la villa libre,
Por ser don Juan su vasallo.
Alfonso replicó altivo;
El portugués, agraviado,
Le declaró guerra... y guerra
Rompióse al fin entre hermanos.
Para calmar de esta lucha
Los imponentes estragos,
El papa Benito Doce
Mandó de Roma un Legado;
Mas ni sus buenos oficios,
Ni su celo noble y santo,
La ansiada paz de dos reinos
Hubieran quizás logrado,
Si una amenaza de guerra
Con los moros africanos
No uniera Reyes y nobles
Contra los comunes daños (8).
De Portugal y Castilla
Los monarcas aliados
Al de Aragón, muchas huestes
Y muchas naves juntaron (9);

Y formando dos escuadras
Y un ejército formando,
Alumbró un alba gloriosa
La batalla del *Salado*.
Mas antes ¡cuántas desgracias (10),
Cuántas pérdidas y cuántos
Crímenes, que no justicias,
Del soberbio castellano!
Faltando á sus juramentos,
Y á sus promesas faltando,
Malas sendas enseñaba
Al que debiera heredarlo.
Murió Gonzalo Martínez
De Oviedo, porque el maestrazgo
De Alcántara que gozaba
Se quería para un bastardo:
Y á la vida de un guerrero
Tan valiente como hidalgo
Prefirió el Rey que su dama
Su anhelo viese logrado (11).

Crecía en tanto el heredero
Del trono de San Fernando,
Como su madre sombrío,
Como su madre olvidado.
Aunque de pocos abriles,
Era de cuerpo gallardo,
Con hermosura de arcángel,

Pero arcángel desterrado.
Rizos de cabello rubio
Ornaban su rostro pálido,
Cuyas correctas facciones
Mostraban duros los rasgos;
Y había en sus ojos azules
Algo misterioso y vago,
Relámpagos brilladores
Que alguna vez serían rayos.
En sus ensueños de niño
Se revelaban osados
Los pensamientos del hombre
Que vive de modo extraño;
Y en la soledad continua,
Y de su madre en el llanto,
Y en las ausencias de Alfonso
Guerrero ó enamorado,
Debió preguntarse Pedro
En su grave asombro cándido:
«Si vástago soy de reyes,
¿Á donde están mis vasallos?»
¡Triste es vivir desde niño
Celoso, desconfiado,
Viendo enemigos odiosos
Hasta en los propios hermanos;
Sin ilusiones del alma,
Sin sonrisas en los labios,
Y en quien se deben respetos

Vergüenzas adivinandol
¡Triste es buscar en la bruma
De los recuerdos lejanos
El perfil del caballero,
Valiente, hermoso, gallardo;
Ciñendo corona rica,
Envuelto en purpúreo manto,
De escuderos y de pajes
Y guerreros rodeado;
Rigiendo con mano firme
Las riendas de su caballo,
Que de oro y plata llevaba
Pretal, gualdrapas y paños!...
«¿Dónde está? ¿Por qué no viene?
¿Es que quizás ha olvidado
Que su esposa y que su hijo
Siempre le están esperando?»

Así razonaba el niño
De diez abriles escasos,
Hermoso como un arcángel,
Pero arcángel desterrado,
Vagando por los jardines
De alcázares solitarios,
Ó en las desiertas crujías
De algún bisantino claustro,
Mientras don Alfonso altivo
Continuaba luchando

Con la morisma orgullosa,
Tomándole palmo á palmo
El fértil suelo de España
Que por traiciones hollaron,
Y tintos en sangre mora
Volvían al fin los pedazos.
Ni la africana bravura
De sus eternos contrarios,
Ni la escasez de recursos
Y lo inmenso de los gastos,
Ni la inclemencia del tiempo,
Ni los hercúleos trabajos
Que en el sitio de Algeciras
Su gran corazón probaron,
Hacían mella en aquel alma,
De temple y valor tan alto,
Que era admiración de propios
Y asombro de los extraños.
La fama del rudo asedio,
Veinte meses prolongado,
Esforzados paladines
Ante Algeciras atrajo:
De Inglaterra y Alemania
Y de Francia los cruzados,
Reyes, príncipes y nobles,
El ejército engrosaron (12);
Y tras de rudos ataques,
Victorias y descalabros,

Llegó por fin venturoso
El día veintiséis de Marzo
De mil trescientos cuarenta
Y cuatro, que el soberano
Hizo su entrada triunfante
En Algeciras, llevando
En torno sus ricos homes,
Caballeros y prelados,
Los Concejos de sus villas,
Y flor de sus castellanos.

III

PRINCIPIOS DE REINADO

De pronto lúgubre y triste
Se oyó en España un rumor,
Que espanto puso en las almas
Y en los pechos aflicción.
«*El Rey ha muerto*», decía;
Y los ecos de esta voz
Vibraron por todas partes
Con sorpresa y con terror.
¡Era cierto, por desgracia,
Que el esforzado español
(Que, si bien tuvo lunares
De vengativo rencor,
Llevó á cabo grandes hechos
De justicia y de razón)
Daba ya su postrer cuenta
Ante el tribunal de Dios!

La peste, el terrible azote
Que de Levante llegó,
Devastando con su aliento,
Asolando en su furor,
Al sitio de Gibraltar
Cautelosa se acercó,
Y en el ejército hizo
Una horrible destrucción.
Aconsejaban los nobles
Al bravo conquistador
Que abandonara el asedio,
Mas resuelto se negó;
Pues tanto le había costado
La noble resolución
De poner cerco á la plaza,
Que de la muerte al temor
Retirarse, lo creía
Oprobio, mengua y baldón.
El mortífero contagio
Harto pronto le alcanzó,
Y el mismo día veintiséis
De Marzo, que alumbró el sol
Seis años antes el triunfo
De Algeciras, alumbró
El cadáver del monarca
Bajo fúnebre crespón,
La orfandad de sus vasallos
Y de Castilla el dolor.

¡El Rey murió! ¡Viva el Rey!
Siguió diciendo la voz,
Y la corona de Alfonso
Pedro Primero ciñó.
Como en las sombras de un sueño
Trocada la situación,
Desde la noche á la aurora
El mancebito se vió.
Durmióse olvidado y solo,
Y le despertó el rumor
Del pueblo, que le aclamaba
Rey de Castilla y León.
El Alcázar de Sevilla,
Espléndido, brillador
Y lleno de cortesanos,
Él mismo desconoció.
Vió de su madre en los ojos
Cierto febril resplandor,
Que con tocas de viudez
Harto mal disimuló;
Y no comprendió que eran
Del satisfecho rencor
Las llamas que se exhalaban
De su herido corazón.
Y de pajes y escuderos
Ruidosa turba miró;
Juglares, dueñas, soldados
Que hablaban en su loor,

Con mil exageraciones
De servil adulación,
Que á verdades le sabían
En su inocente candor.
El humo de la lisonja
En sus nubes le envolvió;
Contempló á sus pies rendidos
Virtudes, ciencias y honor:
¡Qué extraño que se juzgara
En la tierra como un Dios,
Y se preguntara á veces:
«¿Pero en realidad soy yo?»

Á Sevilla conducían
En tanto al conquistador,
Y del cuerpo de su amante
La favorita iba en pos.
Don Enrique y don Fadrique,
Llenos de amargo dolor,
De su madre acompañaban
El duelo del corazón.
Con ellos iban también
Muchos hidalgos de pro
Que aún se mostraban leales
Á la afligida Leonor:
Don Fernando de Manuel,
El infante de Aragón,
Y Juan de Lara, que era

De la Vizcaya señor
Mas ¡ay, que pronto la dama
Nublada su estrella vió!
¡Que pronto do juzgó amigos
Enemigos encontró!
De la villa de Medina
Salió con grave temor
El Alcaide don Alfonso
Fernández, y le volvió
Al par el pleito homenaje
Y su antigua sumisión;
Llenándola de despecho,
De soberbia y de dolor.
La ofendida *rica fembra*
Con tal hecho comprendió
Que en el ataud real
Iban su gloria y favor:
Y tanto temor le puso
Lo que en el Alcaide vió,
Que no llegar á Sevilla
Fué su primera intención...
Mas, del seguro fiada,
La marcha continuó,
Aunque recelando daños
Á los hijos de su amor:
Á su maestrazgo en Santiago
Á don Fadrique envió;
Á don Enrique á Algeciras,

Y á los otros á Morón.
Siguió después la cuitada
Del regio difunto en pos,
Para entregarse ella misma
En las garras del león.

La primera nube negra
Que el horizonte empañó
Fué el huir de los bastardos,
Pues se tuvo por traición.
Los pingues heredamientos
Que gozaban, y el favor
Que durante muchos años
La de Guzmán disfrutó,
Amargaban á Don Pedro,
Llenando su corazón,
Tan juvenil como ardiente,
De soberbia y de rencor.
Aún los restos de su padre
Al pie del regio pendón
Estaban en la capilla
Que San Fernando elevó
(Esperando los llevaran
Hasta la Iglesia Mayor
De Córdoba, do yacer
Don Alfonso deseó),
Y ya de su propia casa,
Y aun de toda la nación,

El nuevo Rey los oficios
Y cargos distribuyó (13).
Receloso como siempre,
Y sospechando traición
De su hermano don Enrique,
Que á Algeciras se acogió,
Á Lope de Cañizares,
Hombre de astucia y valor,
Para averiguar lo cierto
Secretamente envió:
Mas las gentes del bastardo,
Conociendo la intención,
Lo persiguieron de suerte
Que por milagro escapó.
Cuando refirió el suceso
Á su irascible señor,
Éste mandó á don Gutierre
De Toledo, y le fió
En galeras y soldados
Con que ahogar la rebelión.
Al bastardo tocó entonces
Huir, y se retiró
Con el Maestre de Alcántara
Á su villa de Morón:
Pero don Juan de Alburquerque (14),
Que era el valido mayor
De don Pedro desde el día
Que de ser ayo dejó,

Aconsejó á su pupilo,
De Estado con la razón,
Atrajese á sus hermanos
De su trono en derredor;
Y obedeciendo el monarca,
Á don Enrique llamó,
Fingiéndose mutuamente
Lazos de fraterno amor.

En tanto la favorita,
Desde el punto que llegó
Á Sevilla, por la Reina
Fué reducida á prisión.
No era dura, sin embargo,
Pues exento de temor
El bastardo don Enrique
Á su madre visitó.
Mas ¡ay! que olvidando ésta
Su precaria situación,
Quiso obrar como en los tiempos
Que fué su gloria mayor.
Tratábase de casar
Con Fernando de Aragón,
Ó con el mismo don Pedro,
Á dama de gran valor
(Doña Juana de Villena),
Y la Guzmán consiguió
Desbaratar estas bodas

Con audaz resolución.
Al bastardo don Enrique
Doña Juana prefirió (15);
Consumóse el matrimonio;
Llenóse el Rey de furor;
Soberbia doña María,
Á su cautiva estrechó;
Y don Enrique, temiendo
Las iras de su señor,
Á Asturias rápidamente
Con dos parciales huyó,
Mientras la Reina en Carmona
Guardaba á doña Leonor.

IV

MUERTE DE DOÑA LEONOR
DE GUZMÁN

Como las flores de almendro,
Son las venturas fugaces,
Estrellas que el éter cruzan,
Aristas que lleva el aire.
Apenas de la corona
Las emociones punzantes
Empezó á sentir don Pedro,
Cuando adoleció tan grave,
Que en riesgo de pronta muerte
Se pudo considerarle,
Y con el riesgo se hicieron
Las ambiciones más grandes.
En la sucesión del trono
Divididos los magnates,
Don Juan Alfonso pedía
Que al de Aragón se nombrase,

Como primo del monarca (16);
Mientras Alfonso Fernández,
Garcilaso de la Vega
Y otros nobles importantes
Á don Juan Núñez de Lara
La corona querían darle (17).
Las diversas opiniones
Se conformaban en parte,
Decidiendo al elegido
Casar con la Reina madre;
Mas la voluntad divina
Deshizo tan locos planes.
Recobró el Rey lentamente
La salud que perdió antes,
Y de los *traidores* unos
Aparecieron *leales* (18);
Otros, temiendo al monarca,
Ganaron sus heredades;
Mas fué la muerte tras ellos
Cual la venganza implacable (19):
Quedando al fin Alburquerque
Más poderoso y más grande,
Gobernando al Rey y el reino
Con alientos de gigante.
Convaleciente en Sevilla,
Temeroso de ausentarse,
Pasó el Rey todo aquel año
En blanda calma suave.

Más trataba con halcones
Que con donceles y pajes;
Más de azores entendía
Que de luchas de magnates.
¡Pluguiera al Cielo que siempre
Tan dichosa paz durase!
¡Mas ay, que quien siembra vientos
Pronto coge tempestades!

Salió el Rey para Castilla,
Y con él la Reina madre;
Que están cortes convocadas,
Y es don Pedro quien las abre.
Llevó consigo María,
Por que mejor se la guarden,
Á su rival de otros tiempos,
Que tuvo en estrecha cárcel;
Y en su humillación gozando,
Y gozando en sus pesares,
Fué cruel y vengativa
La que pudo ser tan grande.
Como al pasar por Llerena
Á don Fadrique encontrasen,
El Maestre de Santiago,
Al rendir pleito homenaje
Á su hermano, lograr pudo
Licencia de ver su madre.
¡Pobre mujer! ¡Que castigo

De pasadas liviandades
Fué aquella postrera vista,
Aquel doloroso trance!
Entre la madre y el hijo
No se cruzó ni una frase;
Que suspiros y sollozos
Fueron su solo lenguaje,
Hasta que del carcelero
El rudo mandato grave
Rompió el tristísimo abrazo,
¡Último que debían darse!

Por acuerdo de Alburquerque,
De la Reina y sus parciales,
Fué desde allí conducida
La hija de los Guzmanes
Á Talavera, guardada
Por don Gutierre Fernández
De Toledo, y nuevamente
Sumida en lóbrega cárcel.
Muy pocos días pasaron,
Cuando, al caer una tarde,
Llegó de doña María
Un misterioso mensaje.
El portador, escudero
De torvo y feroz semblante,
Solicitó ver la presa,
Y hasta su estancia lleváronle.

Nada se oyó .. salió en breve
Sereno, firme, arrogante;
Tornó á montar á caballo,
Apretó recio el rendaje,
Y despareció en las sombras,
Veloz como el mismo aire...

Cuando en la prisión entraron,
En ancho lago de sangre
Vieron á la favorita,
Con tres heridas mortales.
¡La dama de Alfonso Onceno
Era ya sólo un cadáver!
¡Así expió los favores
Y las grandezas de antes;
Así el sol de su fortuna
Llegó por siempre á nublarse!
¡Infeliz de la que, débil
En los mundanos combates,
Por galas de cortesana
Trueca sus alas de ángel!

Continuando el penoso
Y dilatado viaje,
El Rey y doña María
Y su corte de magnates
Llegaron á Palenzuela,
Donde se hallaba esperándoles

Don Tello, que acudió al punto
Á rendirles homenaje.
Al verle ceñudo Pedro,
Le dijo con frialdad grave:
—*¿Sabedes, don Tello, acaso*
Como es muerta vuestra madre? (20)
Alterado y balbuciente
Al oir razones tales,
Como cobarde y mal hijo
Respondió el bastardo Infante:
—*Sólo á vuestra Señoría*
Tengo por madre y por padre (21).
¡Respuesta que por sí basta
Para juzgar un carácter!

V

EL PRIMER AMOR

En tanto que se juntaban
En Valladolid invicta
Diputados, ricos homes
Y Consejos de las villas,
Garcilaso de la Vega
Se declaró en rebeldía,
De su amigo Juan de Lara
Vengando así las cenizas.
Contra el valido Alburquerque
Sus odios se dirigían,
Y en Burgos con otros nobles
Alzó traidoras divisas.
Mas bien previno el magnate
Los riesgos que no temía;
Pues cuanto llegó don Pedro
Á terrenos de Castilla,

Y á recibirle en Celada
El Adelantado iba,
Fué preso con sus parciales,
Y tan pronta la justicia,
Que ser detenido y muerto
Fué todo una cosa misma (22).
En vano el grave peligro
Le advirtió doña María,
Siendo con él más piadosa
Que fué con la favorita.
Murió miserablemente,
Arrastrando á su familia,
Á sus parciales y amigos
En su muerte y su rüina:
Mientras aquel Rey mancebo,
Casi niño, proseguía
Á Valladolid la marcha
Con la gravedad tranquila
De quien no deja á su paso
Huellas de sangre vertida,
Lágrimas, traiciones, odios
Y ambiciones siempre vivas.

Grande importancia tuvieron
En la española política
Aquellas primeras cortes
Convocadas en Castilla.
Sus sabios *Ordenamientos* (23),

Sus leyes equitativas,
El buen juicio del monarca,
La consumada pericia
Que mostraba en las cuestiones
Á su fallo sometidas,
La manera con que supo
Ceder con prudencia digna
En el difícil arreglo
De las antiguas *behetrías;*
Todo despertó esperanzas
En plebe y nobleza, unidas,
De gozar tiempos mejores
Y lograr mejores días.
Breve período tranquilo
De paz y recta justicia,
En que el Rey como un anciano
Razonaba y discutía,
Mientras su madre pactaba
Casarle con la sobrina
Del rey de Francia don Carlos,
Y de embajadores iban
Juan Sánchez de las Roelas,
Que en Burgos tuvo la mitra,
Y Alvar Sánchez de Albornoz,
De honrada y noble familia.
Alburquerque de esta boda
Á los proyectos se unía,
Con el canciller don Vasco;

Pues entrambos comprendían
Que iba á tener para España
Ventajas muy positivas,
Y de su buen resultado
Contaban con las albricias.
Así fué, convino en ello
El francés, y por su hija
El Duque de Borbón puso
En los contratos la firma.
Flor delicada y suave
De hermosura peregrina
Era la princesa Blanca,
De Pedro la prometida
¿Por qué la suerte con ella
Se mostró siempre mezquina,
Atormentando insensible
Joya de tanta valía?
¿Por qué extrañas circunstancias,
Retardando su venida,
Dieron tiempo á que arraigasen
Por su mal otras semillas?
Hay seres tan desdichados
Que en las sendas de la vida,
En vez de aromadas flores,
Recogen tan sólo espinas.

Fresco lirio de los valles
Ó espléndida margarita,

En los radiantes albores
De su mayor lozanía,
En Sahagún una doncella,
Cual rosa de Mayo linda,
Con la esposa de Alburquerque
En el palacio vivía.
Mecióse en hidalga cuna,
Mas no fué cuna tan rica,
Que doña Isabel Meneses,
Juzgando le convenía,
Por darle mejor estado,
Criarla en su casa misma,
No la trajera consigo
Para educarla á su vista.
Del señor de Villagero,
Diego García de Padilla,
Y Doña María Hinestrosa
Era la doncella hija:
En estatura pequeña,
En pensamientos altiva,
En discreción extremada,
En las costumbres sencilla;
Dotada de tal belleza
Y gracia tan exquisita,
Que de cuantos la trataban
Era encanto y maravilla.
Á su paso por Sahagún,
Viniendo de Andalucía,

Vióla don Pedro, y al veila
Sintió una impresión tan viva,
Que, á sus hechizos rendido,
En amorosa poifía
Quiso conquistar un alma
Que era preciada conquista.
No se mostró ciertamente
Con tal galán ella esquiva,
Y prendió en ambos la llama
De una pasión no vencida,
Tan fecunda de pesares,
Tan pródiga de desdichas,
Cual la de Alfonso el Onceno
Y su hermosa favorita.
Supónese (y fundamentos
Haito graves lo atestiguan)
Que no fué cuestión de acaso
Aquella traidora vista,
Sino pensado recurso
Con que el valido quería
Eternizar su privanza
Buscando al Rey por amiga
Una doncella inocente
Criada por su familia,
Y que poi lo mismo fuera
Con ellos agradecida.
¡Ilusiones engañosas
Que, bajo encantados prismas,

Convierten las realidades
En seductoras mentiras:
Los amargos desengaños
Llegarán á toda prisa
Á abrir los cerrados ojos
Del que en infamias confía!

VI

BODAS REGIAS

Rebelión de los bastardos
Y revueltas y asonadas
De don Alfonso Fernández
El patrio suelo manchaban.
Era este Alfonso el que, débil,
Á la muerte del monarca,
Siendo alcaide de Medina,
Con desatención marcada
Devolvió el pleito homenaje
Que por ella conservaba
Á la triste favorita,
Á la poderosa dama
Que fué espejo de grandezas
Y extremo de desdichadas.
Acudió al punto don Pedro
Donde el rebelde se hallaba;

Mas como á la vez supiera
Que en la región asturiana
Don Enrique bastecido
Sus pendones levantaba,
Dejó á Aguilar, y partióse
Animoso á la Montaña.
Apretado cerco puso
Á Gijón, con dobles ansias
De vencer por encontrarse
Tras de las fuertes murallas
La esposa de don Enrique,
La condesa doña Juana.
Mas pronto capitularon
Los que defendían la plaza,
Y el bastardo, sometido,
Prestó homenaje al monarca,
Declarando que no haría
Más guerra. ¡Promesas vanas!
¡Palabras del ambicioso
Aire son, que no palabras!

Tornó el Rey á Andalucía,
Porque Aguilar le llamaba;
Batió la villa rebelde,
Ardiendo en soberbia saña,
De los ingenios de guerra
Con las poderosas máquinas,
Que escombros, muertes y estrago

Cual gigantes arrojaban.
Hundió sus muros y torres
Con indomable constancia,
Y al fin penetró en la villa
Por la fuerza de las armas.
Preso don Alfonso, en vano
Pretendió ver al monarca;
Y al reprenderle Alburquerque
Su conducta temeraria,
Le contestó el desdichado
Con indiferencia extraña:
«Juan Alfonso, ésta es Castilla;
Hace hombres, y los gasta» (24).
Murió miserablemente,
Mas sin desmentir su audacia.
¡Castigo del Cielo, acaso,
Por la muerte desgraciada
Que diera trece años antes
Al buen Maestre de Alcántara!

Ya de los lazos de amores
Que habían unido sus almas
Don Pedro y María Padilla
Tierno fruto acariciaban.
Beatriz se le dió por nombre,
Y ricamente heredada
Con las villas y castillos
Que á Fernández confiscaran,

Alegraba de sus padres
Las deliciosas veladas;
Pues más el amor crecía
Cuanto más tiempo pasaba.
Divertíanse en Toledo
Con fiestas, justas y danzas,
Cuando llegó la noticia
Que la Princesa de Francia
En Castilla había ya entrado,
Por doquiera festejada,
Y que Reina, corte y pueblo
El desposorio aguardaban.
Pálido y torvo el semblante,
Vaga y triste la mirada,
Oyó don Pedro estas nuevas
Que el corazón le desgarran;
Mientras María de Padilla
Silenciosa, consternada,
Á la rubia niña tierna
De amargo llanto bañaba.
Romper el odiado enlace
Fué la intención del monarca;
Pero don Juan Alburquerque
Se valió de tales trazas,
Le dió tan buenas razones,
Y al par de buenas tan sabias,
Que don Pedro, convencido,
Mandó á Montalbán su dama,

Y á Valladolid partieron,
Do las Reinas le aguardaban,
Con la sonrisa en los labios
Y con la muerte en el alma.
Triunfó de nuevo el valido
En la contienda empeñada,
Aunque el sol de su fortuna
Lentamente se eclipsaba;
Porque aquella dulce niña
Que juzgó dócil esclava,
Aunque sin nombre de reina,
Era reina soberana,
É Hinestrosas y Padillas
Por su favor se elevaban,
Robándole poco á poco
La gloria de su privanza.
¡Triste situación aquélla,
Por ambiciones creada!
¡Mar de amarguras sin nombre
De la infeliz doña Blanca,
Que, de su patria venida
Como regia desposada,
Era esposa sin esposo
Y era germen de venganzas;
Y triste también la suerte
De la hermosa niña hidalga,
Que de su tierno cariño
El dulce fruto abrazaba!

¡Ay de la una, inocente,
Villanamente engañada!...
¡Ay de la otra, culpable,
Mas llena de amor el alma!
Convidados á las bodas
Del castellano monarca
Habían sido los bastardos,
Y con lucidas mesnadas
Llegaron hasta Cigales,
Dispuestos como á batalla.
Mandaron sus mensajeros
Con razones cortesanas;
Y aunque don Juan Alburquerque,
Lleno de secreta rabia,
Quiso impedir se reunieran,
No valieron sus palabras:
El Rey les mandó el seguro
Que contra el ayo aguardaban,
Y don Tello y don Enrique,
Sin lorigas y sin armas,
Humillando al favorito
Con orgullosa arrogancia,
Al par de su hermano Pedro
Llegaron al regio Alcázar (25).

¡Tres de Junio!... ¡tres de Junio!...
Espléndida la mañana,
La ciudad como de fiesta,

Y la plebe alborozada.
En el espacio harmonías,
Repiques de las campanas;
El sol quebrando sus rayos
En las picas y alabardas.
Santa María la Nueva
Ricamente aderezada,
Empavesando sus muros
Gallardetes y oriflamas.
Una inmensa comitiva,
Que luce costosas galas,
De prelados, infanzones,
Y caballeros y damas,
Pajes, soldados cubiertos
De resplandecientes mallas,
Y con dalmáticas ricas
Pesados reyes de armas,
Hendiendo van el gentío,
Que bulle, se agita y clama
Para abrir paso á los novios,
Ginetes en dos hacáneas
Que á la nieve de la sierra
En su blancura aventajan.
Paños forrados de armiño,
Tejidos con oro y plata,
Forman de los desposados
Las costosísimas galas.
Las rubias sedosas trenzas

Tendidas sobre la espalda,
Casi cerrados los ojos
Y la cabeza inclinada,
Sonríe á sus ilusiones
La princesa doña Blanca;
Mientras que su desposado
Con torva mirada vaga
Hacia la iglesia camina
Como hacia el suplicio marcha
El misero sentenciado,
Viendo en el fondo del alma
De Montalbán el castillo,
La favorita entre lágrimas,
Y el ángel de sus amores
Con su madre abandonada.

Padrino del Rey su ayo
Alburquerque, le acompaña;
Siendo madrina la Reina
Viuda de Aragón, hermana
De don Alfonso el Onceno,
Dama enérgica, entusiasta,
Y que ve en aquellas bodas
La felicidad de España.
Las riendas del palafrén
De la hermosa desposada
Lleva con noble altiveza
El Conde de Trastamara.

Don Fernando de Aragón
El de la Reina guiaba:
Y formando á los esposos
Como lucida guirnalda,
Van don Tello, don Fernando
De Castro, de Calatrava
El Maestre, Haro, La Cerda,
Y de otras ilustres casas
Los preclaros ascendientes,
Que son del reino esperanzas,
Flor de las cortes del mundo
Y de la española galas.

Cantos y nubes de incienso,
Harmonías y plegarias
Llenan la gótica iglesia
Y furtivo llanto arrancan.
La bendición del Prelado
Une por siempre dos almas;
Y al abandonar el templo
La inocente soberana,
Pudo creer que los vivas
De la plebe entusiasmada
Eran ecos de los ángeles,
Que su ventura cantaban.

Las bodas fueron muy buenas,
Las tornabodas muy malas,

Dice un antiguo romance,
Y es una verdad probada.
No habían pasado dos días,
Cuando ya se susurraba
Que se marchaba don Pedro
Á Montalbán con su dama.
Las dos Reinas, afligidas,
Acudieron á el Alcázar,
Y con llantos y suspiros
Rogaron por doña Blanca.
Mostróse maravillado,
Disimulando, el monarca;
Y tales protestas hizo,
Y les dió tales palabras,
Que marcharon convencidas,
Tranquilas y consoladas,
Seguras de que su celo
Entonces las engañaba.
Mas quizá no habían llegado
Nuevamente á sus posadas,
Cuando, jinete en un potro
Que atrás el viento dejaba,
El Rey, con Diego Padilla,
En busca de su adorada,
De Valladolid partiendo,
Á Montalbán galopaba.

VII

SANGRE Y ODIOS

LA LIGA

Quién del águila altanera
Pretende el vuelo atajar?
¿Quién el frenesí detiene
Del desbocado alazán?
Ni el escándalo, ni el odio,
Ni la rebelión audaz,
Ni el dolor de las tres Reinas
Pudieron nada lograr.
La sensación de este hecho
Fué gravísima y fatal,
Causando terror y asombro
En toda la cristiandad:
Porque, si cedió al principio,
Tornóse presto á marchar (26),
Aunque los mismos Padillas
É Hinestrosas, con afán,

Por la infortunada Blanca
Se atrevieron á rogar;
Mas ¡ay, no tenía don Pedro
Más ley que su voluntad!
Llenas de dolor profundo
Y de vergüenza mortal,
La Reina madre y su nuera
Se hubieron de retirar
Á Tordesillas, llevando
Á su amarga soledad
De aquel horrible desaire
Clavado el rudo puñal.

En tanto don Juan Alfonso,
De su privanza fugaz
Con los recuerdos, huía
Para nunca más tornar.
Dejó en rehenes sus hijos,
Y por cierto hizo muy mal;
Que á no ser por la Padilla,
Cuya generosidad
Y prudencia los salvara
De su destino fatal,
Hubieran muerto los dos
Con refinada crueldad.
Marchó el mísero valido,
Y acogióse en Portugal;
Mas la saña de don Pedro,

Persiguiéndole hasta allá,
Intentó hacerle volver,
Para poderse vengar.
Defendióle de su nieto
Don Alfonso con lealtad,
Y por entonces el ayo
Tranquilo pudo quedar (27).
Ligados contra Alburquerque
Los hijos de la Guzmán,
Disfrutaban un período
De falsa tranquilidad.
En tanto moría el Maestre
De Calatrava, don Juan
Núñez de Prado, y su cargo
Vino un Padilla á tomar.
Diz que este mismo Padilla,
Ambicioso como audaz,
Á su noble antecesor
Había hecho ajusticiar;
Y si, como aseguraban,
Era este crimen verdad,
¡Qué de infamias se cubrían
Con la púrpura real!

Había don Pedro enviado,
Sin tener de ella piedad,
Á Arévalo á doña Blanca,
Con prohibición especial

4

De que á la Reina su madre
La permitiesen llegar;
Que sospechoso le era
Hasta el amor maternal.
Los bastardos, entretanto,
Se empezaron á cansar
De fingir junto al monarca
Problemática lealtad;
Y ligándose en secreto
Con el valido don Juan,
Previnieron nuevas luchas,
Que iban muy pronto á estallar.

Como girasol voluble,
Rudo como vendaval,
Sediento de amores nuevos,
Con demente ceguedad
Á Juana de Castro el Rey,
Enamorado y galán,
Para esposa pretendía,
Pues se negaba á aceptar
De la Padilla el destino
La desdeñosa beldad:
Pero tanto insistió Pedro,
Que ella, insistiendo en negar,
Díjole que doña Blanca
Era su esposa no más.
Poco después dos Prelados (28),

Por miedo ó debilidad,
Del público desposorio,
Hecho de España á la faz,
Á pronunciar se atrevieron
Sentencia de nulidad.
Más si doña Blanca fué
Esposa dos días no más,
Una noche solamente
Lo fué Juana por su mal:
Pues satisfecho el capricho
Del enamorado afán,
El Rey en Castrojeriz
Recobró su libertad;
Y á la de Castro, olvidada
Para siempre, en su pesar,
Le quedó sólo el recuerdo
De su ventura fugaz (29).
Era ocasión oportuna
Para en la Liga triunfar,
Cuando este escándalo grave
Llegó á ser universal.
Á sus primos de Aragón
Don Pedro mandó llamar,
Mientras Fernando de Castro (30),
Herido en su dignidad,
Con los ligueros se unía
Como vengador leal
De la afrenta de su hermana

Y de la suya á la par.
Encendióse, pues, la guerra,
Sangrienta, horrible, mortal,
En que hermanos contra hermanos
Se aprestaban á luchar
Como cristianos y moros,
En su mutua odiosidad,
Defienden unos la Fe,
Y los otros el Corán.

Para tener á su esposa
Con mayor seguridad,
El monarca á doña Blanca
Hizo á Toledo llevar:
Pero al verla tan hermosa
Y tan digna de piedad,
Se alzó la ciudad entera
Por ella con noble afán.
Baeza, Córdoba, Jaén,
Talavera y otras más,
Al ejemplo de Toledo,
Juraron fidelidad
Á la Reina abandonada,
Queriéndola consolar;
Pero como defenderla
Era preciso además,
Al Maestre de Santiago
Enviaron á llamar,

Y él le juró pleitesía
Como vasallo leal.

La estrella del Rey don Pedro
Se comenzaba á nublar,
Pues casi en los mismos días,
Renunciando su amistad,
Doña Leonor con sus hijos
Deteiminóse á marchar.
Aprovechando la Liga
Tan versátil voluntad,
Á la enérgica viuda
Logró en su empresa aliar;
Reuniendo así los bastardos,
Alburquerque y los demás,
Con los Castros ofendidos,
Terrible parcialidad.
La escasa hueste del Rey,
No atreviéndose á luchar,
Con el airado monarca
Hubo de volver atrás:
Y ganando á Tordesillas,
Como herido gavilán,
Con su madre y con su amada
Se pudo allí refugiar;
Mientras los confederados,
Con resolución tenaz,
Cercaban, aunque de lejos,

Á la regia majestad (31).

Colérica y desairada
La reina Leonor se va;
Que por la Liga traía
Proposiciones de paz,
Y don Pedro las rechaza
Con loca tenacidad:
Que no pacta con rebeldes
Quien tan ofendido está (32).
Truena Roma contra el Rey
Por su ciega liviandad;
Claman los confederados
Con su imponente ademán;
Y aquel mancebo, que apenas
El bozo siente apuntar,
Contra todos se defiende
Indómito como audaz.

Murió entonces en Medina
El ayo del Rey, don Juan
Alburquerque; y si su muerte
Fué ó no fué natural,
Es asunto que no pudo
Dilucidarse jamás:
Mas dió motivo á una empresa
Por extremo singular.
El vengativo magnate,

De la Liga capitán,
Ni aun muriendo consintió
En su venganza cejar:
Así, marcha su ataud
Donde su mesnada va,
Y si hay consejos, su voz
Ruy Díaz debe llevar.
¡Auténtico testimonio
De aquella saña infernal,
Que un ejército de vivos
Permite á un muerto guiar!
¡Cuando las malas pasiones
Esclavizan al mortal,
Qué fácilmente se hace
Trasunto de Satanás!

Con nuevas proposiciones
Tornó la Liga á buscar
Al monarca en Tejadillo (33);
Mas, aunque mostró bondad,
En su corazón ardían
Como lava de un volcán
Tales agravios, que nada
Se pudo conciliar.
Faltó luego á lo pactado,
Y, despreciando la paz,
Logró marcharse de Toro
Para su dama encontrar.

Vióse entonces una extraña
Y horrible monstruosidad,
Y fué: que doña María,
En su cólera fatal,
Traidora contra su sangre,
No pudo llegar á más
Que á llamar en su favor
Los hijos de la Guzmán,
De sus afrentas padrones,
Pedazos de su rival,
Germen de eternas discordias
Y perpetua deslealtad.
De la marcha de don Pedro
Les dió relación cabal,
Olvidando de su nombre
La severa dignidad;
Y hasta les trajo á su lado
Para al monarca obligar...
Con tal de no ser vencida,
La soberbia, ¿qué no hará?

    Triunfó por aquesta vez
(Y ya fue mucho triunfar)
De don Pedro la orgullosa
Confederación feudal:
Porque aceptando el mensaje
De su fingida humildad,
Vino el monarca de Ureña

Á Toro, con don Fernán
Sánchez y Samuel Leví,
Su tesorero real.
¡Sólo estos dos se atrevieron
Á su dueño á acompañar,
Y del linaje Hinestrosa
El noble y digno don Juan!
Los demás con los Padillas,
Llenos de miedo cerval,
Para esperar los sucesos
Buscaron seguridad.

Preso de los de la Liga
El Rey de Castilla está;
Prisión que ha de costar cara
Á la rebelión audaz.
Repartidos los oficios
Del reino y palacio, van
Á entretener ambiciones
Que no se llegan á hartar;
Y en tanto ni una palabra,
Ni una memoria quizá,
Para la Reina cautiva
De Toledo en la ciudad.
¡Y decían que por su causa
Se arrojaban á luchar:
Qué ingrata y qué tornadiza
Es la humana voluntad!

El descontento de unos
Y la ambición de los más
Explotar supo don Pedro
Con prudente habilidad.
Su tía doña Leonor
La primera en aceptar
Fué sus mercedes, dejando
Por siempre la Liga ya.
Huyó el monarca de Toro
Con achaque de cazar;
Y juntando á toda prisa
Hueste valiente y leal,
Con sus primos los Infantes
De Aragón pudo empezar
Desde Segovia la lucha,
Lucha horrible y pertinaz.
Pasando por ella el Rey
Como pasa el huracán,
Medina Sidonia vió
Á dos nobles castigar (34).
Toro le cerró las puertas
Con temor bien natural.
Don Enrique, acometido
En tierras de Colmenar,
Escapando por milagro,
Revolvió con saña audaz,
Y el desventurado pueblo
Se complació en destrozar.

Toledo capituló;
Mas la recia tempestad
De justicias é injusticias
Fué con el monarca allá:
Y á la infeliz doña Blanca,
Sin consentir verla más,
Siempre como prisionera,
Hizo á Siguenza llevar.
Toro le vió ante sus muros
Bañada en ira la faz,
Y vió destrozar sus campos
Y sus árboles talar.
Huyó al cabo don Enrique
De la abatida ciudad,
Y con su cuñado Castro
Se fué en Galicia á encontrar:
Mas por la reina María
Y doña Juana, además,
Animoso, don Fadrique
Batallaba sin cesar;
Y mientras valles y montes
Teñía sangre fraternal,
Tranquilo solaz gozaba
El odiado musulmán.

Iba ya el sol una tarde
Su rojo disco á ocultar,
Cuando con seis caballeros,

Que noble escolta le dan,
El Maestre de Santiago,
Cansado de pelear,
Bajó á la margen del río
Solo por casualidad.
Al verle el buen Hinestrosa,
Se puso ansioso á gritar:
—*Venides luego el Maestre,*
Tenedes de vos piedad;
Si no venís á merced
Del Rey mi señor, será
Para vos grave peligro,
Pero peligro mortal.
—*¿Cómo tal me aconsejades?*
Atrevióse á replicar
Don Fadrique. *¿Sin seguro*
Quién á mi señor irá?
El Rey, que estaba escuchando
Con serena y grave faz,
—*Hermano Maestre,* dijo,
Juan Fernández en verdad
Como bueno os aconseja;
Venides, pues, sin tardar,
Que á vos y á esos caballeros
Que de vuestra parte están
Empeño de aquí el seguro
De mi palabra real.
Pasó don Fadrique el río,

Las manos llegó á besar
Á don Pedro, y á este tiempo
Se oyó un grito general:
—*¡Muertos somos, muertos somos,*
Clamaban en la ciudad;
El Maestre de Santiago
Nos acaba de dejar! (35)

. . . .

. . . .

En aquella misma noche
Para Toro tan fatal
La traición abrió una puerta
Y el Rey pudo penetrar.
¡Cuánta sangre fué vertida
Con refinada crueldad!
¡Qué caro cobró don Pedro
Lo que le hicieron penar!
Trémula, desfallecida,
Con dolorido ademán,
Cercada de sus parciales,
Cuya congoja mortal
Le probaba que era ella
Su postrer refugio ya,
Con la esposa del bastardo
Se iba la Reina á alejar,
Cuando en el puente del foso
Vió la regia majestad
Del hijo, que así allanaba

El sagrado de su hogar.
Detúvose temblorosa
En tanto que el *albalá* (36)
Ruy González Castañeda
Levantaba con afán.
—*¡No sirve!* prorrumpió el Rey,
É hizo una seña no más...
Ferradas mazas se alzaron,
Brilló asesino puñal...
Y Estébanez, Castañeda,
Téllez y Alfonso á la par
Cayeron, manchando el suelo
De sangre con un raudal.
Faltó á la Reina la luz
Tal horror al contemplar,
Y con ella doña Juana
Rindióse á la gravedad
De esta escena, y sin sentido
En tierra vino á quedar...

    Cuando tornaron en sí,
Cual pesadilla tenaz
Á los cadáveres vieron
Desnudos y helados ya;
Y la madre sin ventura
Maldijo con loco afán
Al que un día en sus entrañas
Sintió alegre palpitar.

Poco después, por sus ruegos,
Fué enviada á Portugal,
Muriendo de mala muerte;
Asesinada quizás (37).
¡Triste suerte fué la tuya,
Desdichada majestad!
Mas ¿qué extraño? ¡No supiste,
Ni querer, ni perdonar!

VIII

EL MAESTRE DE SANTIAGO

Castilla, infeliz Castilla,
Fértil campo de revueltas,
Con más zizaña que trigo
Y más señores que sierras!
¡Mala fortuna te sigue,
Malos dueños te gobiernan,
Que donde fijan la planta
Huellas de sangre se dejan!
Cuando se alzaban triunfantes
Las españolas banderas
De pasadas sediciones
Y fratricidas contiendas,
El belicoso don Pedro
Declaró á Aragón la guerra,
Sus fronteras atacando
Por el lado de Valencia.

Los motivos de esta lucha
Fútiles motivos eran (38);
Pero graves los hacían
De los reyes la soberbia.
Para atender á los gastos
De su temeraria empresa,
No se contentó don Pedro
Con exacciones violentas,
Ni con las confiscaciones
De gentes aragonesas;
Sino que de dos sepulcros
Tomó joyas y preseas (39).
Fueron de estas disensiones
Como primicias sangrientas
Estragos, muertes, é incendios
De numerosas aldeas.
Aliados de Pedro cuarto,
Vinieron desde sus tierras
Luís de Navarra y el Conde
Gastón de Foix; y con estas
Ya respetables mesnadas
De brava gente extranjera,
El bastardo don Enrique
Unió sus huestes, dispuestas
Á luchar como leones
Y á ensañarse como hienas.

Entre los muchos guerreros

De esclarecida nobleza
Que de Castilla seguían
Las triunfadoras enseñas
Iba Alvar Pérez Guzmán,
Y con él Juan de La Cerda,
Esposos de las dos hijas
Que años atrás dejó huérfanas
Aquel Alfonso Fernández
Coronel, cuya cabeza
En Aguilar el monarca
Derribó con saña fiera.
Eran ambas muy hermosas,
Y como hermosas discretas;
María, flor de los cielos;
Aldonza, flor de la tierra.
Supieron los dos esposos
Que con indigna manera,
Mientras ellos combatían
Con lealtad caballeresca,
El rey don Pedro á las damas
Amoroso pretendiera;
Que era halcón infatigable
Persiguiendo garzas bellas.
Los magnates, despechados
De tan vergonzosa afrenta,
Dejando el campo, se fueron;
Y aunque en su cólera ciega
Don Pedro corrió siguiéndoles

Distancia de algunas leguas,
No pudo darles alcance,
Y tornóse á la frontera.

En tanto vino de Roma
Á dirimir las contiendas,
Nuncio de paz, un Legado
De gran talento y prudencia:
Mas tales odios hervían,
Y pasiones tan rastreras,
Que, sin temor de amenazas,
Con satánica soberbia
Desairaban los dos bandos
Su bienhechora influencia,
Costando mil sacrificios
Aun dos semanas de tregua.
Tratos secretos y dobles,
Llenos de ricas promesas,
Con que á Fadrique y á Tello
Desde Aragón lisonjean,
En don Pedro despertaron
Los odios que mal durmieran,
Pues no tenía olvidadas
Las vejaciones y afrentas
Que de su madre y hermanos,
Preso en Toro, recibiera;
Y la sed de la venganza
Era en él grave dolencia.

Por fin el Legado pudo
Que de la razón severa
Llegara el eco á los Reyes
Que sustentaban la guerra.
Firmóse de tregua un año,
Y don Bernardo Cabrera,
De Pedro el Ceremonioso
Consejo, brazo y conciencia,
Al hermano del monarca
Trajo al fin á sus banderas,
Olvidando mutuamente
Las anteriores afrentas.
Mucho disgustó á don Pedro
Tal arreglo, y si pudiera
En el voluble Fernando
Vengara la acción aquélla;
Y aun más hubo de irritarle
Que, pidiéndole la venia
Entonces Pedro Carrillo
Para servirle en la guerra,
DIósela de muy buen grado,
Quizá con la sola idea
Que su hermano don Enrique
Tan fiel servidor perdiera.
Vino Carrillo, y mostróse
Astuto como culebra,
Pues, á todos engañando,
Libertó una ilustre presa (40):

Y como sólo este objeto
Á Castilla le trajera,
Volvióse con doña Juana
Á la tierra aragonesa.
¡Burla pesada y terrible,
É imperdonable de veras,
Para quien, como don Pedro,
Fuego llevaba en las venas!

Cuando regresó á Sevilla
De la enemiga frontera
El monarca, ya juzgado
Había sido Juan La Cerda.
Con falso indulto don Pedro
Engañó á la esposa tierna,
Y ella, como el muerto amado,
Quiso también estar muerta.
Buscó en el claustro un asilo,
Y hasta allí la pasión regia
Lasciva siguió sus pasos;
Mas tuvo tal fortaleza,
Que triunfó y, no castigando
En el ofensor la ofensa,
Destruyéndola implacable,
Bien se vengó en su belleza (41).

De la *casta flor del Cielo*
La doliente historia es ésta.

¿Cuál fué por aquellos días
La de la *flor de la tierra?*
Menos fuerte que su hermana,
Si como su hermana bella,
Astro fué que rodearon
Arreboles de verguenza.
La vió la Torre del Oro,
Con esplendores de reina,
De doña María Padilla
Anhelar las preferencias;
Y la vió toda la corte
Usar astucias diversas
Para que su regio esclavo
Tan sólo adorara en ella:
Pero la pasión antigua
Triunfó de la pasión nueva,
Y, relegada al olvido
Con mortal indiferencia,
En su viudez y aislamiento
Vió con amarga tristeza
Que la estrella de sus glorias
Era fugitiva estrella.

Tranquila estaba una tarde
Encantadora y serena,
Cuando el Rey y la Padilla
Bajo la verde arboleda
De los frondosos jardines

Del Alcázar se recrean
Cual amantes ruiseñores
En lo espeso de una selva.
Con suavísimo deleite
Miraban jugar las prendas
De su amor sobre la alfombra
De menudas flores bellas;
Tres niñas, tres querubines,
Hermosas cual la inocencia,
Beatriz, Isabel, Constanza,
Ricas y cándidas perlas,
Vidas de sus propias vidas
Y de sus almas centellas,
Que de tan dulces amores
Mantenían viva la hoguera.
Tiernas palabras cruzaban
Como sus miradas tiernas,
Cuando un rubio pajecillo,
De larga y riza melena,
Vino á decir al monarca
Que de la murciana huerta
El Maestre don Fadrique
Llegaba entonces de vuelta.
Ardió en los ojos de Pedro
Del odio la llama negra,
Y quedóse la Padilla
Pálida cual azucena,
Porque sabía que el Maestre

Sentenciado á muerte era...
¿Cómo advertirle el peligro?
¿Cómo evitar que suceda?...
Alegre por sus victorias (42),
Y de paz el alma llena,
Llegó el mísero bastardo
De su hermano á la presencia,
Y recibióle don Pedro
Con faz dulce y halagueña,
Y aun le instó á que descansara
Para que presto volviera...
¡Ay! ¿por qué no vió el Maestre
La triste mirada, intensa,
Con que María de Padilla
Le rogaba que no fuera?

Cuando más tarde Fadrique
Tornó á la cámara regia,
Como horrible pesadilla
Escuchó la voz severa
Del monarca:—*Pero López,*
Prende al Maestre. Y apenas
Tal eco vibró en la estancia,
Cuando, con ruda violencia,
—*¡Matadle, mis ballesteros!*...
Repitió la voz, más recia.
Aunque acostumbrados todos
Á tan crüeles escenas,

Vacilaron los verdugos
En dar al Rey obediencia...
—*¡Traidores!*, barbotó Pedro,
Matadle!...

      Rabiosas hienas,
Roa, Juan Diente, Garci Díaz
Y Pérez Castro se arriesgan...
Y alzan las mazas terribles,
Pero no fué tan depriesa
Que el Maestre no escapara
Al patio de las Muñecas.
Siguiéronle los maceros,
Y la víctima, indefensa,
De muy cerca perseguida
Como acorralada fiera,
Trató de sacar la espada
Para salvar su existencia,
Y fué inútil... enredóse,
Por su mal, en la correa,
Dando lugar á que Roa
Con asesina violencia
Le alcanzara con su maza
Y le derribara en tierra.
Del árbol caído todos
Hicieron entonces leña;
Todas las mazas hirieron
Aquella noble cabeza...
La sangre del rey Alfonso

Manchó las heladas piedras,
Menos duras que de Pedro
Las entrañas altaneras:
Manchas que guardó la historia
Y que guarda la leyenda,
Y serán de este reinado
Mancha que jamás se pierda (43).

IX

BLANCA Y MARÍA

Cómo apenan el espíritu
Tantos cuadros luctuosos
De horribles asesinatos,
De violencias y de odios!
Apenas muerto el Maestre,
Don Juan de Aragón siguiólo;
El mismo que juró un día
(Ó cobarde, ó ambicioso)
Á don Tello y don Fadrique
Matar por traición y dolo.
¡Éste fué su señorío
De Vizcaya, y éste el logro
De sus culpables empresas,
De sus sueños revoltosos!
Al arrojarle á la plebe
Como despreciable lodo,

—*¡Ahí va el señor de Vizcaya!...*
Clamó el Rey ceñudo y hosco,
Y fueron aquellas frases
Cual si dijera «*¡Ecce homo!...*»
La reina Leonor, su madre,
Y la que del matrimonio
Los dulces lazos unían
Con don Juan, en calabozos
Encerradas, y sus bienes
Confiscados, sin apoyo
Justicia á Dios demandaban
Contra injusticias del trono.
¡Bien el año de las treguas
Aprovechaba el fogoso
Desatentado monarca,
Cegado de sangre y polvo!
Y aun más daños sucedieran
Si no estallaran trastornos,
Y fuera preciso al Rey
Marchar de Murcia al socorro.
Horrible guerra amagaba,
Cuando del romano solio
Llegara nuevo Legado,
Discreto, activo y celoso.
Ambiciones que no ceden
Por no caber en el globo;
Trabajosas condiciones
Y convenios trabajosos.

Los deseos del Pontífice
Y del Legado los votos,
Por la paz de los dos reinos
Fueron inútiles todos.
Volvió á encenderse la guerra
Sin ningún pretexto heróico;
Mas antes el castellano
Vengó de nuevo sus odios,
Y Leonor é Isabel Lara,
Asesinadas con tósigos,
Aumentaron de las víctimas
Los espectros dolorosos.
Luchas por mar y por tierra,
Sangre, ruinas y escombros
Marcaron de aqueste año
Los memorables periodos:
Mas tan duras circunstancias
No eran al amor estorbo,
Que entonces la favorita
Dió á luz al infante Alfonso;
Y don Pedro, desarmada
La flota, con alborozo
Fué á buscar en Tordesillas
Sus codiciados tesoros (44).

Entretanto don Enrique
Y don Tello, valerosos,
En Araviana rendían

Los defensores del trono.
Allí pereció Hinestrosa,
El hidalgo bueno y probo;
Suárez de Figueroa,
Y con ellos muchos otros.
El efecto que en don Pedro
Produjera este destrozo
Fué aumentar tanto su ira,
Que buscó, ciego de enojo,
Cabezas en quien vengarse
De los bastardos odiosos;
Y como no le faltaban,
Mostróse en venganzas pródigo.
Así, don Juan y don Pedro,
Los dos postreros retoños
De aquellos tiernos amores
De la Guzmán y de Alfonso,
Fueron muertos en Carmona
De una prisión en el fondo.
¡Niños que nunca ofendieron
Al soberano despótico! (45)
Pedro Núñez de Guzmán
Y Pedro Álvarez Osorio (46)
Aumentaron de las sombras
El número misterioso;
Y en Aragón y Castilla,
Doquier se volvían los ojos,
Se hundían los pies en el fango:

¡Mas era de sangre el lodo!

Es muy valiente don Pedro,
Mas peca en supersticioso,
Y si desdichas le auguran
Pronto el espíritu indómito,
Á su temor sobrepuesto,
Atrevido, impetuoso,
En quien profeta se hacía
Vengábase bien y pronto.
Así murió un sacerdote
Que le dijo este pronóstico:
«*Domingo de la Calzada,*
Nuestro bendito patrono,
En sueños me ha revelado
Que vos guardéis, Rey católico,
Ó moriréis á las manos
De don Enrique ambicioso» (47).

El fuego quemó la lengua
Que tal dijo, y con su soplo
El aire lanzó al espacio
De las cenizas el polvo.
En tanto los antes fieles
Eran ya tan sospechosos,
Que hasta Gutierre Toledo
Tropezó en horrible escollo.
Prisionero fué en Alfaro;

Pero con ánimo heróico
Despidióse del monarca
Con breves renglones sólo.
—«*Guardavos, señor,* decía;
Vos lo ruego por vos propio:
Si hacéis muchas muertes de éstas,
Perdido tenéis el trono» (48).
Llevó el aire sus consejos,
Prudentes como juiciosos,
Y don Pedro de Castilla
Siguió vengando sus odios.
No descuidaba el Legado
Insistir en los propósitos
De paz, al fin consiguiendo
Nuevos arreglos honrosos.
Marchó don Enrique á Francia (49);
La vida con sus tesoros
Dió Samuel Leví (50), y don Pedro
Tornó á Medina los ojos.
Presa allí continuaba,
Triste esposa sin esposo,
Doña Blanca, y de sus penas
Eran el consuelo sólo
De sus tiernas devociones
Los fervores religiosos;
Que quien padece en la tierra
Busca en el Cielo su apoyo.
Mas ¡ay! poco le quedaba

De tan doliente abandono,
Que hasta sujeta en prisiones
Era para el Rey estorbo.

Entre celajes de fuego
Se velaba un sol de oro,
Y el aura movía las copas
De los álamos y chopos.
Como disparadas flechas,
En dulces y alegres coros
Cruzaban las avecillas
Los espacios vaporosos;
Mientras subían de la vega
Acariciadores soplos,
Ecos de brisas y aromas
De los florecidos sotos.
Hincadas ambas rodillas
En regio reclinatorio,
Recibiendo el postrer rayo
De luz esplendente y rojo
Sobre su pálida frente
Y su demacrado rostro,
Blanca de Borbón oraba
Con indefinible arrobo.
Quizá místicas dulzuras
Sentía su espíritu absorto;
Quizá miraba los Cielos
Abiertos con tierno gozo,

6

Y que aquel Juez soberano
Que ha de juzgarnos á todos,
De la corona de espinas
De su amaigo desposorio
Tejía corona de flores
Que, con supremo alborozo,
Para dársela, esmaltaba
Con las perlas de su lloro.
Giró en sus goznes de hierro
La puerta del calabozo,
Y el reposo de la Reina
Turbó del Rey el encono.
Enviábale oficiales
Para saber cauteloso
Si fué aquel pastor que hallara
En los jerezanos cotos
El que por ella le diera
Los avisos misteriosos,
Que eran, al par de insolentes,
Amenazadores todos (51).
Defendióse doña Blanca
Con la verdad por abono,
Y convencidos quedaron:
Mas ¡ay! ¡que los rigurosos
Mandatos del Rey debían
Verse cumplidos muy pronto!
En vano el honrado Alcaide
Pruebas dió de valeroso,

Negándose á darle muerte
Como sanguinario lobo.
Don Íñigo Ortiz de Zúñiga
Fué depuesto; y bastó sólo
Que Juan Pérez Rebolledo
Llegase, para que, sordo
Á la voz de la conciencia,
Fuese el crimen espantoso
Otra mancha en un reinado
Que se hallaba ya bien rojo.
Ángel de luz, cuyas alas
No manchó mundano polvo,
Y á quien le prestó el martirio
Radiante nimbo de oro,
Pasó como flor de heno,
Cual astro que vaga solo,
Barca que no deja estela
En los mares procelosos.
¡Ay! ¿Por qué reina la hicieron?
¿Por qué en el revuelto golfo
De la vida halló la tumba
Donde juzgó hallar el trono?

Poco después de Sevilla
El Alcázar suntuoso
Otra muerte presenciaba,
Que causó dolor y asombro.
Doña María de Padilla,

Aquel sol esplendoroso
Que fué del Rey castellano
Tesoro de los tesoros,
Rendida á mortal dolencia,
Expiraba en plazo corto;
Y espantado el rey don Pedro
Ante sus tristes despojos,
Por primera vez acaso
Halló en el pecho sollozos,
En el ánimo congojas
Y amargo llanto en los ojos.
Y fué tan grande su pena,
Y fué su dolor tan hondo,
Que con él y por él tuvo
Largo luto el reino todo (52).
Mucho valía ciertamente
Aquel pecho bondadoso,
Siempre á la piedad dispuesto,
Sin ambiciones ni dolos.
Cuando no fué aborrecida
Por el pueblo generoso,
Siendo ocasión, si no causa,
De tantos graves trastornos,
Bien se comprende que era
Digna del fuego amoroso,
Que la siguió hasta el sepulcro
Con tiernos y amantes votos.
¡Pero qué roedor gusano

Se deslizó misterioso,
Y el árbol de su existencia
Heló con maligno soplo?
¿Fué la rebelión de unos,
Las ambiciones de otros,
Ó la sangre que empapaba
Las regias gradas del trono?
¿Presentimientos crüeles,
Ú punzadores sonrojos?...
Dios lo sabe; su secreto
Llevó de la tumba al fondo.

X

EL REY BERMEJO

Solo, triste y afligido,
Como el que siente á la vez
Juntos la tierra y el cielo
Desplomarse sobre él,
Quedó el regio castellano
Cuando, perdido su bien,
Enlutados horizontes
Tan sólo alcanzaba á ver.
En su corazón luchaban
La amargura y la altivez,
El rencor á los bastardos
Como venenosa hiel,
Y el eterno afán de luchas
Para alcanzar gloria y prez.
Así el ánimo dispuesto,
Era poco menester

Para lanzar á campaña
Á tan belicoso Rey.
Presentóse la ocasión
Al demandarle Mohamed
Su favor contra Abu Said,
Que, asesinando á Ismael (53),
Con el reino granadino
Se alzó, pretendiendo hacer
Suya la preciada joya
De la musulmana fe.
Acudió presto don Pedro,
Ansiando vengar también
Intenciones de Abu Said
De guerrear contra él.
En Ronda se le reunió
El destronado Mohamed,
Corriendo entrambos la Sierra
Con guerrera intrepidez.
Estrecho cerco pusieron
Á Antequera, y sin poder
Rendila, en otros lugares
Vengaron el sitio aquel (54).
Arrogante el Rey Bermejo
Hacia los cristianos fué,
Y en la llanura tuvieron
Un encuentro tan crüel,
Que el monarca granadino,
La ruda batalla al ver,

Rogó á don Pedro dejara
La empresa, y con sencillez
Heróica—*Señor,* le dijo,
Cesad el daño que hacéis;
Más quiero vivir sin reino,
Que causa de males ser;
Si quiere Alhá que lo tenga,
Que Él solo reino me dé (55).
Á tan hidalgas razones
Pronto el monarca en ceder,
Volvióse para Sevilla,
Y á Ronda marchó Mohamed:
Mas los caudillos cristianos,
Continuando en hacer
Armas contra el enemigo,
Si la fortuna les fué
Ventajosa en ocasiones,
Contraria les fué también.
Á la orilla del río Farces
Vínoles á acometer
En una atrevida algara
El Rey Bermejo una vez;
Y luchó con tanto brío,
Que consiguieron vencer
Los sectarios de Mahoma
Á los hijos de la Fe.
Tocóle á Diego Padilla
Allí cautivo caer,

Con otros nobles caudillos
Y guerreros de gran prez:
Mas no fué su cautiverio
Como pudieron temer;
Que Abu Said, generoso,
Diplomático y cortés,
Queriendo del castellano
La voluntad atraer,
Devolvió los prisioneros
Con tan regia esplendidez,
Que ricas joyas llevaron
Á la corte de su Rey.

Mala suerte va siguiendo
Al vencedor de Ismael;
Grandezas que logra el crimen,
¡Cuán frágiles suelen ser!
Sus más adictos parciales
Se van alejando de él,
Y abandonan el Alcázar
Con altanero desdén.
No halla terreno seguro
Do poder fijar los pies;
Lazos recela el cuitado,
Y quizá recela bien.
En Málaga ya proclaman
Al destronado Mohamed,
Y se oyen por él alegres

Los instrumentos tañer.
Aborrecido de todos,
Acaso por justa ley,
¿Que hará? ¿Cómo de la muerte
Se logrará precaver?
Un aciago pensamiento,
Que juzgó con sencillez
Su faro de salvación,
Su esperanza y su sostén,
Le hizo marchar á Sevilla,
Llevándose á par de él
Muchos nobles caballeros
Que regia escolta le den.
Sus más preciados tesoros,
Sus joyas de más valer,
En aquel triste viaje
Llevó consigo también.
¡Quién sabe si fueron ellos
Los que le hicieron perder
La existencia, despertando
En don Pedro el interés!

Recibido y alhagado
Por el castellano Rey,
Creyó Abu Said seguro
Su valimiento y poder:
Mas pronto sus ilusiones
Se perdieron de una vez;

Que, preso traidoramente (56),
Y al par su lucida grey,
En el campo de Tablada
Se le vió dos días después
Vestido de un rojo sayo
Que emblema de afrenta fué;
Y en vez de oprimir la silla
De su arrogante corcel,
En un asno caballero,
Humillada su altivez.
Mas cuando ya no juzgaba
Pudiera más padecer,
Hirió su desnudo pecho
Lanza certera y cruel,
Con que el mismo soberano,
En su vengativa sed,
—*Toma,* exclamaba, *en recuerdo*
De que me hiciste facer
Harto mala pleitesía
Con el de Aragón; y á fe
Que si Ariza se perdió,
Tú me la hiciste perder (57).
—*¡Oh, Pedro!* respondió entonces
El alanceado infiel;
¡Qué torpe triunfo has logrado
Del que vino á tu merced! (58)
Fueron las últimas frases
Que pudiéronle entender;

¡La flor de sus caballeros
Allí pereció con él!

. . . .

La nueva de aquella muerte
Llegó en Málaga á Mohamed,
Y si pudo de ella holgarse
Porque de enemigo fué,
El rudo modo de hacerla
Le hizo al par estremecer,
Porque á don Pedro acusaba
De crueldad y de doblez.
Otras cortes en Sevilla
Convoca á este tiempo el Rey,
Pues graves declaraciones
En ellas pretende hacer.
Y á la verdad ¡cuán extraño
Á la española honradez
Lo que su señor decía
Debió á todos parecer!
El que á Blanca de Borbón
Diera su mano y su fe,
Y luego á Juana de Castro
Hace su esposa también,
De doña María Padilla
Al lamentar la viudez,
Dice que ha sido *su sola*
Y *legítima mujer.*
Por testigos del enlace

Les presenta el Canciller
Del sello de puridad
Que representa la ley;
Á don Juan Pérez de Orduña,
Que es abad de Santander
Y su capellán mayor;
Diego Padilla, que es
De la favorita hermano,
Y un *muerto,* que viene á ser
Juan Fernández de Hinestrosa,
Que en la batalla crüel
De Araviana pereciera
Con valerosa altivez.

Si fueron ciertas las bodas,
Sólo Dios lo ha de saber;
De tal hecho quedó siempre
Recelos de que no fué.
Lo afirmaron, sin embargo,
Con serena intrepidez,
Sobre el libro de Evangelios,
Que es el libro de la Fe,
Los testigos expresados;
Pronunciándose después
Por don Gómez de Manrique (59)
Largo discurso también,
Para probar la verdad
De las palabras del Rey.

¿Selló los labios el miedo,
Ó los selló el interés?
El caso fué que ninguno
Protestó del hecho aquel,
Y promulgada y votada
Quedó al momento una ley
Por quien los hijos de Pedro
Sucesores fueran de él.
Doña María de Padilla,
Por justicia ó por merced,
Como reina declarada
Reconocióse después.
¡Tardía compensación
Para la pobre mujer!
¡Reinar después de morir,
Qué triste reinado es! (60)

XI

LA BATALLA DE NÁJERA

Guerras siempre, turbulencias,
Escándalos y castigos,
Pasajeras alianzas,
Odios cada vez más vivos;
Aragón contra Castilla
En un combate continuo;
Los cristianos destrozados,
Los musulmanes tranquilos.
Los bastardos ambiciosos,
Acrecentando sus bríos
En las luchas y revueltas
Que provocan atrevidos,
Acometiendo las villas,
Hacen en sus señoríos,
De cada pueblo una plaza,
De cada peña un castillo.

Murió entonces de don Pedro
El único y tierno niño;
Aquel Alfonso que fuera
Con tal placer recibido:
Y este dolor sobre tantos,
En vez de abatir su espíritu,
Hizo al Rey mucho más fuerte
Al luchar con enemigos.
La defección del navarro (61)
No amilanó su heroismo:
Siguió la guerra, venciendo
Á veces, viendo perdidos
En otras villas, ciudades,
Lugares, valles y riscos,
Cada vez más alentado
Y cada vez más sombrío.
Pero cansábase el Cielo
De estériles sacrificios,
De tanta venganza injusta,
De rencores tan continuos:
Cansábase, sobre todo,
De que fueran fratricidios
Los combates empezados
Por intereses mezquinos;
Y ya el fiel de la balanza
Del Juez Eterno y Altísimo
Se inclinaba lentamente
Al peso de los delitos.

Una hueste aterradora,
Penetrando de improviso
De Aragón por las fronteras
Como desbordado río,
Se extendió por las Castillas,
Llenándolas de enemigos
Que *vengadores de Blanca*
Ostentaban como título (62).
De la nobleza de Francia
Los jóvenes, atraídos
Por esta voz, á la lucha
Se dispusieron solícitos;
Y como se apresurara
El bastardo á recibirlos,
Halló engrosadas sus huestes
Con valerosos caudillos.
De las *grandes compañías* (63)
Que eran de Francia castigo,
Compuestas de malandrines,
De vagos y de asesinos,
Pensó formar un ejército,
Y cual lo pensó lo hizo (64),
Del que fué Beltrán Duguesclin
El capitán más activo:
Y con artera emboscada
Arrancando al Papa auxilios (65),
Arrogante y ambicioso
Para Castilla se vino.

7

No como rebelde sólo,
Como rival atrevido
Retaba ya don Enrique
Al heredero legítimo.
Cauteloso aprovechaba
Descontentos é insumisos,
Para aumentar sus soldados,
Al recorrer los caminos.
Sus hermanos Sancho y Tello
Partían con él los peligros,
Y á la par se repartían
Exacciones y subsidios.
Pero la firme columna
De aquellos allegadizos
Era don Beltrán Duguesclin,
El jeje doquier temido,
Hércules en lo forzudo,
En la dureza granito,
En la ambición como águila,
En la piedad como risco;
Del Conde de Trastamara
Fiel aliado y amigo,
Dispuesto á servirle siempre
De conciencia y de cuchillo.
¡Desdichada fué la hora
Que, con el bastardo unido,
Pisó tierras de Castilla
Aquel temible enemigo!

¡Real, real por don Enrique!...
Proclaman á voz en grito
En Calahorra soldados,
Nobles, damas y caudillos.
Riegan las calles de flores,
Vibran cánticos é himnos,
Y de gracias y mercedes
Colma Enrique á sus amigos.
Desde aquel nefasto día
Fué de Castilla el destino,
Tener á la par dos Reyes...
¡Dos hermanos, y enemigos!...
En Burgos se hallaba Pedro,
Y, al saber lo sucedido,
En vez de airado sintióse
Helado, inerte, inactivo.
¿Qué temor supersticioso,
Qué pensamiento escondido,
Aniquiló en un instante
Su belicoso heroismo?
Proposiciones le hicieron
Los nobles más distinguidos (66)
Para que las compañías
Vinieran á su servicio.
Negóse el monarca á ello,
Inquieto, mudo, sombrío;
Y cuando le suplicaban
Diese á tan grave conflicto

Solución, indiferente
Á sus palabras, les dijo.
—*Faced cual mejor pudiéredes;*
Esto vos mando y confío (67).
Y desoyendo los ruegos
De sus más fieles adictos,
Salió de Burgos, dejando
En eminente peligro
La ciudad que de Castilla
Era joyel exquisito.

En tanto los burgaleses,
Relevados por el mismo
Monarca del juramento
De fidelidad, venido
El bastardo, le acogieron
Con públicos regocijos.
Del convento de las Huelgas
En el sagrado recinto
Se coronó don Enrique
Con aparato magnífico;
Y concedió tantas gracias,
Y tales mercedes hizo,
Que *Enrique el de las mercedes*
Fué de entonces su apellido.

Sembrando siempre su paso
De aterradores castigos (68),

Ganaba mientras don Pedro
Á Sevilla fugitivo.
Ya en ella, supo que Enrique
Como triunfador altivo
En Toledo penetraba,
Siendo allí bien recibido.
En situación tan difícil
Socorro pidió á su tío (69);
Mas con amargo despecho
Le halló débil, indeciso:
Y, por último, llegando
Á descortés y atrevido,
Rehusó de Beatriz las bodas
Con el Príncipe su hijo (70);
Bodas por él pretendidas,
Cuyos tratos, concluídos,
De leales amistades
Eran hermosos auspicios.
¡Oh! tan cruel desengaño
Hirió á Pedro en lo más vivo,
Y el ultraje de su Infanta
Vengar hubiera querido:
Mas al saber que el bastardo,
Creciendo su audacia y bríos,
Hacia la perla del Betis
Enderezaba el camino,
Al querer marchar de ella
Solo, como fugitivo,

Fué expulsado por el pueblo,
Alborotado, insumiso,
Que sospechaba alianzas
De su Rey con los moriscos.
Al fin, con sus hijas, pudo
Ganar la orilla del río
Y ampararse en una nave
Con pocos fieles amigos.
Martín Yáñez sus tesoros
Llevaba en otro navío;
Pero Gil de Bocanegra
Robó el depósito rico.
Y sin huestes ni caudales,
Mesnadas ni señoríos,
En las tierras de Galicia
Encontró don Pedro asilo:
Que allí Fernando de Castro,
Con extraña lealtad, quiso
Ser sólo quien defendiese
De su señor los dominios.

Bien cuadra á Carlos el Malo (71)
Tal apodo, pues, maligno
Y siempre traidor, engaña
Con juramentos sacrílegos.
Sobre el Sacramento ofrece
Favor á las dos partidos,
Y tan contrarios favores,

Que son afrenta de él mismo (72).
Presentábase entretanto
Á don Pedro un noble amigo (73),
Que viendo de don Enrique
El creciente poderío,
Lleno de dolor y enojo,
Así á sus barones dijo:
—*Dejar que un bastardo arroje*
De su trono al Rey legítimo,
Mal ejemplo es para tronos,
Y no puedo consentirlo (74).
Y aliándose á don Pedro
Por sentimientos tan dignos,
Hizo su causa la suya,
Sus huestes del Rey las hizo;
Y juntando grueso ejército
Para tan noble servicio,
Vino á reunirse al monarca,
Valeroso y decidido.
Era el *Príncipe de Gales,*
Del Rey de Inglaterra hijo,
Llamado el *Príncipe Negro*
Por el color del vestido:
Que era negra su armadura,
Y negro el plumero rico,
Y negro como la noche
Su noble corcel altivo.
Espejo de caballeros

Y capitán entendido,
El de la magnas empresas,
El de los marciales bríos,
Tan cortés como valiente,
Tan honrado como digno,
Azote de los soberbios,
Amparo de los vencidos,
Flor, en fin, de campeones
Y terror de vengativos,
Al aliarse á don Pedro
No supo lo que se hizo (75).
Sus repetidas traiciones
Y tenebrosos designios
Coronó Carlos el Malo
Con un cobarde delito:
Fingiéndose prisionero,
Dió paso á los enemigos
Del bastardo, y Roncesvalles
Les abrió fácil camino:
Hubo parciales encuentros,
Hubo combates activos,
Y por fin los dos ejércitos,
En Nájera detenidos,
Tomaron sus posiciones,
Previniendo sus recintos.
¡De luchar había llegado
El momento decisivo!

Abril esmalta los valles (76)
Con verde tapiz florido;
Palpita el aura en las hojas,
Tiemblan las ondas del río;
La luz en rayos de oro
Esparce fugaces brillos
Sobre mallas aceradas
Y sobre yelmos bruñidos.
Picas, alabardas, flechas,
Airones y pendoncillos
Arrancan del sol naciente
Relámpagos fugitivos.
De los marciales clarines
Se oyen bélicos sonidos,
Y de corceles de guerra
Los ardorosos relinchos.
Bulle agitado y se afana
En la llanura y los riscos
Un pueblo de combatientes
Indiferente al peligro.
La roja Cruz de San Jorge
Llevan como distintivo
En las blancas sobrevestas
De don Pedro los amigos;
Mientras los de Trastamara
El cuerpo tienen ceñido
Con doradas bandas ricas
Como destellos flamígeros.

La vanguardia de don Pedro
Mandan con seguro tino
Lancáster (77) y Juan Chandós (78),
Valientes como atrevidos.
Desde el centro, vigilando
El ataque decisivo,
El Rey y el Príncipe Negro
Dan órdenes de continuo.
Mucho ha luchado el bastardo,
Esforzándose á sí mismo,
Para llegar al terreno
Do su ambición le ha traído.
Juega la vida y corona;
Mas se muestra tan altivo,
Que al dejar del Najerilla
El poco seguro abrigo,
Viéndole el Príncipe Negro,
Á sus compañeros dijo.
—*¡Por San Jorge! ¡Este bastardo*
Es un valiente enemigo!

La señal de acometida
Rasga el aire de improviso,
Y en un choque formidable
Se ven todos confundidos.
Con emoción verdadera
Y con anhelo del triunfo,
Antes de empezar la lucha,

Á su aliado y amigo
(Á quien armar caballero
El Príncipe había querido),
Mirándole fijamente,
Dijo el valiente caudillo:
—*Ahora veremos, Señor,*
Cuál va á ser vuestro destino:
Si ser de Castilla rey,
Ó nada ser...
        Y atrevido,
«¡Guerra! ¡San Jorge!» gritando,
Se arroja ardiente, magnífico,
Abriéndose con la espada
Ancho y terrible camino.

En tanto crece el estrago
Con aterrador bullicio,
El hierro machaca el hierro,
Al grito responde el grito,
Abolla el arnés la maza,
Caen á los agudos filos,
Revueltos, bandas, escudos,
Cimeras y pendoncillos.
El caudal del Najerilla
En roja sangre va tinto,
Y el verde musgo del prado
Se ve de rojo teñido.
Embriagadora es la guerra,

Como embriagador el vino;
Así, está cubierto el campo
De cadáveres y heridos.
Del ejército de Enrique,
Su hermano Tello, indeciso,
Dirigiendo el ala izquierda,
Ó cobarde, ó aturdido,
Retrocede .. cae don Sancho
Al mismo tiempo cautivo;
Y aunque el bastardo, exponiendo
La vida, proezas hizo,
Y el bretón Beltrán Duguesclin
Aterrase al enemigo...
Perdida fué la batalla...
Y don Enrique, perdido,
Huyó á caballo, dejando
Á su animoso caudillo
Del buen Príncipe de Gales
Prisionero, no vencido (79).

Cuando, terminada aquella
Sangrienta hecatombe, quiso
Saber el Príncipe Negro
Si era completo su triunfo,
—*¿Murió en la lid el bastardo,*
Ó fué preso?... ansioso dijo;
Y respondiéronle al punto:
—*Ni preso ni muerto ha sido.*

Inclinó al suelo la fiente,
Soñador y pensativo,
Y murmuró con tristeza:
—*Pues, entonces, nada hicimos* (80).

XII

SOLO OTRA VEZ

TRISTES páginas, marcadas
En el libro de la historia
Con tan pertinaces luchas,
Con disensiones tan hondas;
Jornadas del rey don Pedro,
Sangrientas, impetuosas,
De pérdidas unas veces
Y otras veces de victorias!
De venganzas é injusticias
Triste ejército de sombras,
Que aparecéis por doquiera
Rudas y amenazadoras;
¿Quién vuestro número sabe,
Si es inmenso cual las olas,
Que unas á otras se atropellan
Para estrellarse en las rocas?

Las primeras disensiones,
Que, graves, lentas y sordas,
Antes de estallar en rayos
Negras nubes amontonan,
Son del monarca don Pedro
Faltas de fe ó de memoria
En cumplir tratos que hizo
Con las huestes vencedoras.
Ni da al Príncipe de Gales
Con que sustentar sus tropas;
Y mientras finge entregarle
Lo que por suyo le abona... (81)
Y al valiente Juan Chandós
Al par la ciudad de Soria,
Secretamente procura,
De manera poco honrosa,
Impedir tomen los bienes
Que por suyos avaloran.
Demandas y más demandas,
Zozobras y más zozobras,
Reticencias... tratos nuevos,
Que más al Príncipe enojan;
Luchar por salvar las víctimas
De la postrera derrota,
La indulgencia del de Gales
Con la saña vengadora
De don Pedro, van juntando
Tan grave y pesada sombra,

Que el horizonte ennegrece,
Y al fin la tormenta forma.
Pena da seguir al Rey
En su marcha destructora,
Que el reino reconquistado
En horrible yermo torna;
Pena da verle iracundo
Segar de una vez en Córdoba
Dieciséis nobles cabezas,
Piesas en nocturna ronda (82);
Pena da cuando en Sevilla
Prosigue su injusta cólera
En Micer Gil Bocanegra,
Que robó tesoro y joyas
Á Martín Yáñez, y á éste
Pagar con muerte afrentosa
No defender las riquezas
Puestas bajo su custodia.
Don Juan Ponce de León,
De ilustre y buena memoria,
Y doña Urraca de Ossorio,
La dama santa y heróica,
Sufrieron duro suplicio:
Y no fueron éstas solas
Las muertes que ensangrentaron
Época tan desastrosa.
¿Qué extraño que, arrepentido
De su compasiva obra,

Se retirase el de Gales
De las tierras españolas,
Llevando sus compañías
Diezmadas, hambrientas, rotas,
Sin compensación ninguna
De riquezas ni de gloria?

Entretanto don Enrique,
Como la hidra, que brota
Una cabeza de cada
Cabeza que se le corta,
Por el de Anjou recibido
De manera generosa,
Hizo en Francia acopios nuevos
De pertrechos y de tropas.
La retirada del Príncipe
Animó su ambición loca,
Y más creció la esperanza
Que en su corazón desborda
Al saber que, resentidos,
Ó cobardes, abandonan
Á su hermano muchos nobles
Que ciñen armas gloriosas.
Y más se alegra sabiendo
Que don Pedro se trastorna,
Y su cólera y crueldades
Odios feroces provocan.
Con nuevas tan lisonjeras,

Y al par tan consoladoras,
Tornó el bastardo á la lucha
Para alcanzar la corona.
Y poniéndose en camino
Con marcha entusiasta y pronta,
Cuando tierras de Castilla
Pisó, refieren las crónicas
Que se apeó del caballo
Y entrambas rodillas dobla;
Y trazando con la espada
Sobre la tierra arenosa
Una cruz, llegóse á ella
Y humildemente besóla.
—*Juro,* dijo al mismo tiempo,
—Por aquella que ésta copia
Que por menester que haya,
Ni con suerte ni en derrota,
Dejaré más este suelo,
Que es el sueño de mis glorias (83):
Y con tan firmes palabras
Asegurando á sus tropas
No las abandonaría
Del castellano á la cólera,
Tornó á montar á caballo
Y prosiguió sin demora
Á encontrar seiscientas lanzas
Que estaban en Calahorra.
Burgos volvió á recibirle

Con distinciones honrosas,
Y también por el bastardo
Pendones levantó Córdoba:
Y sitiando y rindiendo,
Cual rayo que todo arrolla,
Las villas que por su hermano
Se sostenían orgullosas,
Antes de los cuatro meses
De esta guerra asoladora
Casi la mitad del reino
Con ser de Enrique se honra.
León, Asturias entera,
Y Vizcaya y Guipuzcoa,
Al nuevo señor rendidas,
Sus alabanzas entonan.

¿Qué hacía don Pedro entretanto
Que la marcha victoriosa
Del bastardo le robaba
Perla á perla su corona?
Desamparado de todos
Cuantos príncipes blasonan
De cristianos caballeros;
Vencido por la afrentosa
Necesidad de socorro
Contra la hueste invasora;
Auxilio pidió de nuevo
Á los hijos de Mahoma.

Dióselo el Rey granadino
De manera franca y pronta,
Y juntos pusieron sitio
Á la rica y noble Córdoba:
Y hubieran allí triunfado,
Para baldón de la honra
De Castilla, si las damas
Y doncellas, animosas,
Tendidas las cabelleras,
Que al viento esparcidas flotan,
Con lágrimas en los ojos
Y suspiros en la boca,
De sus bravos defensores
No reanimaran la heróica
Resolución, hasta hacerles
Luchar de tan valerosa
Manera, que, triunfadores
De las enemigas tropas,
La ciudad de los Califas
Ciñó laurel de victoria (84).

¡Cómo se ensaña la suerte,
Á los males ciega y sorda,
Cuando llega del castigo
De Dios la temida horal
¡Cómo la rojiza tea
De la sangrienta discordia
Prendiendo va en todas partes

Sus llamas abrasadoras!
Si Toledo bien resiste,
Bien el bastardo la acosa;
Que cuanto más dura el sitio,
Hambre y trabajos afrontan.
Junta don Pedro con prisa
Sus escasas huestes todas,
Para amparar á Toledo
En sus leales congojas.
¿Por qué Fernando de Castro,
Que antiguos agravios llora (85),
Es siempre de aquellos fieles
Que al monarca no abandonan?
¡Misterios de la conciencia,
Tan llena siempre de sombras;
Rayo de luz, entre ellas,
Puro como luz de aurora!

Para cortar el camino
Que el Rey de Castilla toma,
Sin quitar el cerco, Enrique
Con algunas fuerzas forma
Un ejército lucido,
Que por el camino engrosan
Las mesnadas de Duguesclin,
Ardientes, devastadoras.
¡Cuánto celebra el bastardo
Que vuelva el bretón! ¡Qué gloria

Para él tenerle consigo
En tan apremiantes horas!
Ignoradas sendas cruzan,
Breñales espesos rozan;
En Orgaz sientan el campo,
Y al fin el camino cortan.
De Montiel en el castillo
Pedro, que todo lo ignora,
Se encuentra con los Consejos
De Sevilla y de Carmona.
En cambio el bastardo sabe
Del Rey las acciones todas;
Que tiene entre los contrarios
Inteligencias traidoras.
Y así, forzando las marchas,
Porque el tiempo les importa,
Al castillo de Montiel
Llega naciendo la aurora.

XIII

LA EMBOSCADA

Tan obscura está la noche
Como obscuro el corazón,
Que negras dudas invaden
Con su aliento asolador.
Cruzan las nubes el cielo
Cual fantástica legión,
Y ni de una estrella luce
El pálido resplandor,
Cuando del fuerte castillo
De Montiel, que rodeó
Con alto cerco de piedras
De don Enrique el rencor,
Sin rechinar en sus goznes
Una poterna se abrió,
Y dos hombres, cual fantasmas,
Salieron con precaución.

Era uno el rey don Pedro,
Y otro un hidalgo de pro;
Men Rodríguez de Sanabria,
Siervo fiel de su señor.
¿Dónde iban? ¿Por qué marchaban
El uno del otro en pos,
Silenciosos, precavidos
Del mas ligero rumor?

Después del postrer combate,
Que don Enrique ganó (86),
Como fiera acorralada
Por una jauría feroz
Quedó el regio castellano
En Montiel, como en prisión;
Tan cercado de enemigos,
Que, á pesar de su valor,
Sintió tristezas de muerte,
Y de tal modo sintió,
Que la humillada soberbia
Le rasgaba el corazón.
Men Rodríguez de Sanabria
Viendo, lleno de dolor,
Tan aflictiva y tan grave
De su Rey la situación,
Sacarle quiso de ella,
Y en mal hora recordó
Que un día fué prisionero

Del caballero bretón.
Á pedirle una entrevista,
Al fin, se determinó;
Accedió Beltrán á ella,
Y, al implorar su favor
Para salvar á don Pedro,
Aunque mucho le ofreció,
Negóse á todo el francés
Con firme resolución.
Insistiendo Men Rodríguez,
Duguesclín le prometió
Consultarlo y responderle:
Mas, traicionando el honor,
Apenas el caballero
Para Montiel se partió,
De los tratos y promesas
Dió fiel cuenta á su señor,
Y una celada alevosa,
Lazo de infame traición,
Al desdichado don Pedro
Tendieron entre los dos.

Suspicaz como era el Rey,
¿Por qué nada sospechó?
¿Por qué ni un punto siquiera
Sintió flaqueza ó temor?
¿Por qué del sangriento lobo,
Que tanto le persiguió,

No dudó en tales momentos
El hostigado león?

Confiado en las promesas
Del caballero traidor,
En la tienda de Duguesclin
El monarca penetró.
Men Rodríguez le seguía
Febril, trémulo y sin voz;
Y más creció su amargura
Y más creció su temor
Cuando del bravo don Pedro
El rudo acento escuchó
Con que á Duguesclín decía,
Lleno de nuevo vigor:
—*Partamos, pues, don Beltrán..*
Mas nadie le contestó...
Receloso del silencio,
Miró á su alrededor,
Y al bastardo don Enrique
Frente á frente se encontró.
—*Manténgavos Dios, hermano..*
Dijo el Conde, y á esta voz,
Ciego de cólera el Rey,
En su justa indignación,
Torpe y balbuciente el labio,
Que horrible risa entreabrió,
Sólo contestarle pudo:

—*¿Estabais aquí, traidor?*...
Lanzando rayos los ojos
Y rayos el corazón,
Y lívidos los semblantes,
Que desfigura el rencor,
Un instante, que fué un siglo,
Contempláronse los dos...
¡El hijo de los desprecios,
Y el hijo de la ambición!...

. . . .

. . . .

Luego... cual hircanos tigres,
Se abrazan con tal furor,
Que puso espanto en el alma
De quien tal lucha miró.
Brilló de puñal y daga
El siniestro resplandor;
Y, faltándoles la tierra
En aquel combate atroz,
Al caer, siempre enlazados,
Debajo Enrique cayó...
Entonces Beltrán Duguesclin,
El miserable bretón,
Su pasada felonía
Con otra más coronó:
Pues, acercándose á ellos
Con fría resolución,
Dió vuelta al horrible grupo,

Olvidado del honor,
Murmurando aquestas frases,
Que la historia recogió:
«*Ni quito ni pongo rey*...
Pero ayudo á mi señor...» (87)

¡Ay! la daga del bastardo,
Certera, fuerte y veloz,
En el pecho de don Pedro
Por muchas veces se hundió;
Y con las olas de sangre
Del rasgado corazón,
¡El alma voló á rendir
Estrechas cuentas á Dios!...

Tal fué el pedestal sangriento
En que el bastardo se alzó
Para llegar hasta el trono
De Castilla y de León.

XIV

CONCLUSIÓN

Eɴ el fondo de la cripta (88),
De una tumba en la estrechez,
Hoy de Fadrique y de Pedro
Los restos juntos se ven;
La víctima, y el verdugo
Que en los campos de Montiel
Bajo puñal fratricida
Fuera víctima también:
Y acaso en la obscura sombra
De su eterna lobreguez
Hace á los huesos la ira
Ó el rencor estremecer;
Que los que en vida se odiaron
Con tan enconada hiel,
Ni aun en la paz del sepulcro
Podrán tranquilos yacer.

¡Triste reinado, en verdad,
El del castellano fué!
Mas ¿por culpa de su siglo,
Ó por la culpa del Rey?
Para dar á este monarca
El dictado de *cruel,*
Désele al *Ceremonioso*
Y al de Portugal también.
De iguales culpas culpados
La historia muestra á los tres;
Y si es imparcial la historia,
Culpables debieron ser.
Los tres segaron cabezas
Como segador la mies;
Y es que la ley del capricho
Era la *suprema ley.*
Mas el portugués no tiene,
Ni tiene el aragonés,
La disculpa de ser frutos
De soberbia y de desdén.
Desdichado fué don Pedro
En su herencia y su poder;
Que infamias y rebeldías
Halló siempre en torno de él.
Si le aquejó de continuo
De los amores la sed,
Aunque *muchos* procuró,
Amó tan sólo *una vez.*

«Gran sofridor de trabajos» (89)
Dice la historia que fué:
Para que ella los consigne,
Muy grandes debieron ser.
Bravo fué como león,
Y su arrogante altivez
Ni se rindió con las luchas,
Ni jamás supo temer.
Acaso por esto sólo
Guarda su recuerdo fiel
El pueblo, que se apasiona
De lo bravo y lo cortés.
Sevilla, que era su encanto,
Sus delicias y su edén,
Viejas tradiciones guarda
En cada piedra de él:
Tradiciones conservadas
De los siglos á través,
Del monarca legendario
Y simpático á la vez.
¡Perdónele Dios su vida
Por la muerte tan cruel
Con que traición alevosa
El lazo tendió á sus pies!
¡Y duerman en paz sus restos
De una tumba en la estrechez,
Do renueva con Fadrique
El abrazo de Montiel!

NOTAS

NOTAS

1. El rey Alfonso XI, casado en 1328 con doña María de Portugal, conoció en 1330 á D.ª Leonor de Guzmán, hija de D. Pedro Núñez de Guzmán y de D.ª Beatriz Ponce de León, «muy *fijadalgo*», dice la Crónica, y *«la más apuesta muger que avía en el Regno.»* Tenía diecinueve años, dos más que el Rey, y era viuda de D Juan Velasco. El primer fruto de de estas amorosas relaciones fué un hijo, que nació en Valladolid en 1331, á quien se le puso por nombre Pedro, dándole por mayordomo á D. Alfonso Fernández Coronel. (Lafuente.—*Historia de España.*)

2. Casi al mismo tiempo que Fernando, el primer hijo legítimo del Rey, le nació otro de la Guzmán, y antes que viniera al mundo D. Pedro (Agosto de 1334), D.ª Leonor dió á luz dos gemelos, que se llamaron Fadrique y Enrique. (Id , id.)

3. Id., id.

4. El rey de Granada Mohamed IV quitó por sorpresa á los cristianos la plaza de Gibraltar, si no por descuido ó cobardía de su gobernador Vasco Pérez de Miera, recobrando también á Marbella, Ronda y Algeciras Pero el nuevo rey de Marruecos Abul Hazán pasó con sus africanos el Estrecho, y quitó la plaza á los granadinos. Mucho lo sintió Mohamed, mas no atreviéndose á luchar con tan poderoso enemigo, disimuló y aun le escribió aparentando ceder lo que por fuerza le quitaban. Pero volviendo los cristianos con grandes fuerzas sobre Gibraltar, llave de toda Andalucía, Mohamed acudió con sus granadinos, peleando en unión de Abul Hazán hasta que les obligó á levantar el cerco. Mas como orgulloso del triunfo se burlara Mohamed de los africanos, éstos le asesinaron, recayendo la corona en Yusuf, que se apresuró á enviar cartas y mensajeros á Sevilla para negociar paces con los cristianos. (Conde.—Parte IV, *Crónica del rey D. Alfonso,* caps. CXIV al CXXX)

5. Habíale rogado mucho Alfonso XI que fuera á encontrarle á Toro, recelaba D. Juan, y puso condiciones; entre otras, que no estuviera con el Rey Garcilaso de la Vega, de quien desconfiaba Ofreciósele que no estaría, y se le envió un salvoconducto, pero, apenas llegado, cuando acudió al Alcázar al siguiente día, por estar convidado á comer, fué asaltado y dado de puñaladas de orden del Rey, juntamente con los dos caballeros que le acompañaban. (31 de Octubre de 1326.)

6. Quien desee conocer pormenores de estas con-

tiendas civiles, puede verlos en la citada *Crónica de Alfonso XI.*

7. Determinó pedir acomodamiento y venirse á merced del Rey. (Lafuente.—*Historia de España.*)

8. En la primavera de 1339 alarmaron á toda la España cristiana los inmensos preparativos que hacía el rey de Fez y Marruecos Abul Hazán para invadir la Península, con el orgulloso designio de atarla otra vez al yugo africano. (Id., id.)

9. Los Reyes de Aragón y Castilla convinieron en enviar cada uno una flota al Estrecho. (Id., id.)

10. Perdióse la flota castellana delante de Gibraltar, á causa de un arranque de pundonor de su almirante Jofre de Tenorio, más loable que provechoso y útil. *(Crónica de D. Alfonso XI, cap. CCXII.)*

11 El Rey, después de reprenderle agriamente, le hizo juzgar por traidor: «*et Alfonso Ferrández, dice la Crónica, que estaba allí por el Rey, fízolo degollar et quemar.*»

12 Entre ellos el Conde de Arbe, el de Solussber, el Duque de Lancáster, príncipe de la casa real de Inglaterra, Gastón de Bearne, conde de Fóix, y otros. (Lafuente.—*Historia de España.*)

13. Hizo á D. Juan Núñez de Lara Alférez y Mayordomo Mayor, y Adelantado Mayor á Garcilaso de la Vega, dió el adelantamiento de la frontera á don Fernando de Aragón, primo del Rey, y el de Murcia á D Martín Gil, hijo de D. Juan Alfonso de Alburquerque, y nombró Guarda Mayor del Rey á don Gutierre Fernández de Toledo, y Copero á D. Alfonso Fernández Coronel. (Id , id)

14. Había sido su ayo durante toda la niñez de D. Pedro.

15. Este proyecto, en que estaban comprometidos la Reina madre y Alburquerque, fué mañosamente frustrado por la antigua favorita. (Lafuente.—*Historia de España.*)

16. D. Fernando de Aragón, primo del Rey como hijo de D.ª Leonor de Castilla, hermana de Alfonso XI.

17. Alburquerque continuó en la privanza; en cambio D. Juan Nuñez de Lara tuvo que huir y refugiarse en Burgos, desde donde hubiera podido hacer grandes daños, si la muerte no le atajara, así como á D. Fernando Manuel, Señor de Villena. (Lafuente.—*Historia de España.*)

18. Vease la nota anterior.

19. Sospéchase que dichas muertes no fueron naturales.

20. Histórico.

21. También lo es la respuesta del bastardo don Tello.

22 Cuando se presentó á la mañana siguiente en palacio (era Domingo), fue preso con algunos de sus caballeros y escuderos, primero a la voz de Alburquerque, y luego á la del Rey. Pidió Garcilaso un confesor, pues comprendía lo poco que le quedaba que vivir, y le fué dado el primero que se encontró. En un pequeño portal de la misma casa cumplió el desgraciado aquel deber cristiano, y, concluído que fué, se oyeron las compendiosas y fatales palabras de Alburquerque y del Rey.—*Señor, ¿qué mandades fa-*

cer de Garcilaso?—*Ballesteros, mándovos que le ma-*
tedes Si breve fué la sentencia, más pronta fué la
ejecución. (Lafuente.—*Historia de España.*)

23. Son dignos de mensión y alabanza el *Orde-*
namiento de los Menestrales, la ley contra malhecho-
res, otras sosteniendo las que sobre juegos y truha-
nerías promulgó su padre, y muchas disposiciones
acertadísimas sobre diferentes asuntos.

24. Histórico.

25. Disimuló, sin embargo, y aquella noche los
sentó á comer á su mesa.

26. De tanto escándalo debió parecer á todos la
conducta del Rey, que hasta los mismos parientes
de la Padilla, y señaladamente su tío Juan Fernández de Hinestrosa, le instaron para que volviese á
Valladolid. Hízolo así, y la alegría de las Reinas y
el pueblo fué muy grande; alegría fugaz, pues otros
dos días transcurrieron solamente entre el gozo de
verlo llegar y la amargura de verlo salir para no ver
ya más á la infeliz D.ª Blanca. (Lafuente.—*Historia*
de España)

27. Defendióse Alburquerque con tan buenas razones delante del monarca portugués y de los envia-
dos de D. Pedro, que aquél hubo de dar la razón al
antiguo valido, y los mensajeros del castellano tuvieron que marchar sin conseguir su pretensión.

28. El de Ávila y el de Salamanca.

29. Dejóle para su mantenimiento la villa de
Dueñas, donde vivió mucho tiempo, intitulándose
Reina, aunque al Rey no le gustaba. (Ayala.—*Cró-*
nica, año V, caps. X al XIII.)

30. La Liga formada contra el Rey por su mala conducta con D.ª Blanca tuvo un auxiliar poderoso en D Fernando de Castro, hermano de D.ª Juana, que, poco afecto al monarca por piques anteriores, se declaró vengador de su hermana.

31. No tardó en ver ocupados todos los pueblos de la circunferencia por las huestes de los confederados.

32. Lo que pedían los ligueros era que el Rey hiciese vida con D.ª Blanca, que apartase de su lado á los parientes de la Padilla, y que colocase á ésta en religión, separándola para siempre de él. negóse á todo con loca tenacidad, y desairando á su tía Leonor, que llevó á Tordesillas estas proposiciones. (Lafuente.—*Historia de España.*)

33. Presentáronse allí hasta cincuenta caballeros de cada parte, armados de lorigas y espadas.

34. Pedro Ruiz de Villegas y Sancho Ortiz de Rojas.

35. Histórico.

36. Carta de indulto ó perdón.

37 Mujer sin ventura,—exclama el Sr. Ferrer del Río en su memoria histórica,—su esposo la abandona, su hijo la desacata y su padre la asesina, porque hay sospechas de que fue envenenada por su mismo padre.

38 Dos buques apresados por el capitán Perellós en aguas de Sanlúcar de Barrameda, donde se hallaba el rey D. Pedro, que lo tomó por irreverencia a su persona y demandó al Rey de Aragón, en cuyo nombre fueron las naves apresadas; y como

ambos tenían resentimientos, declararon al fin la guerra (Lafuente.—*Historia de España*)

39. Los de Alfonso X y la reina D.ª Beatriz, despojando sus coronas de joyas preciosísimas. (Zúñiga.—*Anales de Sevilla*, año 1356)

40 La Condesa de Trastamara, presa por D. Pedro desde los asuntos de Toro.

41. D.ª María Coronel, cuyo cadáver se conserva incorrupto en el convento de religiosas franciscanas de Santa Inés de Sevilla, pudiéndose notar detenidamente en su rostro las cicatrices del aceite hirviendo que se echó para desfigurarse y atajar así la persecución de D Pedro

42. Acababa de ganar y rescatar para su hermano algunas villas en la frontera de Murcia (Lafuente.—*Historia de España.*)

43. Hasta hace poco tiempo hubo la tradición de que se conservaban en las losas del patio donde fué muerto D. Fadrique las manchas de su sangre. Dicen hoy que dichas losas han sido reemplazadas por otras.

44. D. Pedro mandó á Sevilla la flota con que había hecho frente á los aragoneses. despidiéronse las naves portuguesas, sus aliadas, y la flota de Aragón tornó también á Barcelona. (Lafuente.—*Historia de España*)

45. Estaban presos en la fortaleza de Carmona.

46. Pedro Núñez de Guzmán andaba huyendo de la venganza del Rey, y tuvo que hacerse fuerte en uno de sus castillos, lo que sólo sirvió para dilatar algún tiempo su fin. Pedro Álvarez Osorio, es-

tando comiendo un día con Diego García de Padilla, el hermano de la favorita, fué muerto en la misma mesa, de orden del Rey, por los ballesteros Juan Diente y Garci Díaz.

47. El Rey, un tanto superticioso, se sobrecogió en un principio, mas luego, reponiendose, hizo quemar en su presencia al clérigo agorero.

48. Ninguno de los suplicios fué más injusto que éste, por ser uno de los más antiguos y leales servidores del Rey.

49. De las condiciones de paz estipuladas por el Legado entre los Reyes de Aragón y Castilla, era una que el primero haría salir de sus tierras á D. Enrique con sus hermanos, y los internaría en Francia.

50. Tuvo valor para morir descoyuntado, sin revelar el número de las riquezas que poseía.

51. Asegúrase que, estando el Rey de montería en la comarca de Medina Sidonia, se le acercó un hombre rústico en traje de pastor, que le dijo que si seguía tratando de aquella manera á D.ª Blanca, le esperaban grandes quebrantos. (Lafuente.—*Historia de España.*)

52 La única cuya muerte enterneció las entrañas del Rey, por quien hizo luto y mandó se hiciese en todo el reino.

53. Á la muerte del rey Yusuf, vencido por Alfonso XI en la batalla del Salado, subió al trono con el nombre de Mohamed V su hijo, joven de veinte años, mas una de las sultanas de su padre logró derrocarle al poco tiempo y colocar en el solio á su hijo Ismael Pero este fué á su vez destronado por

el tirano Abu Said, que le había ayudado á elevarse,
y luego, no contentándose con menos que con ser
Rey, le hizo asesinar con un hermano suyo, paseando
por toda Granada las sangrientas cabezas, y hacien-
do luego arrojar los cuerpos al campo, donde se pu-
drieron á la intemperie sin que nadie osara recoger-
los. El mismo día se proclamó soberano Abu Said,
conocido por el nombre de Rey Bermejo. (Conde.—
Dominación Árabe, parte IV, caps. XXIII y XXIV.)

54 D. Pedro y Mohamed cercaron á Antequera,
y, no pudiendo tomarla, talaron los campos de Archi
dona y Loja hasta la vega de Granada.

55. Histórico.

56. Había sido recibido con regia ostentación;
pero la misma noche, asistiendo á un banquete en casa
del Maestre de Santiago Garci Álvarez de Toledo,
fué preso por el repostero del Rey Martín Gómez de
Córdoba, con los cincuenta caballeros que le acom
pañaban.

57. Histórico.

58. Id.

59. Arzobispo de Toledo.

60. Y como si quisiera el Rey depositar una corona sobre la tumba de su amada, hizo trasladar sus
restos desde el monasterio de Astudillo, y enterrarlos
con regia pompa en la Catedral de Sevilla.

61. Habíase negado el Rey á ratificar el tratado
de Murviedro, y esto produjo la deserción de Carlos
el Malo, rey de Navarra, que sólo por compromiso
mostrábase partidario del castellano. (Lafuente. —
Historia de España.)

62. La flor de la nobleza de Francia se alistó en aquellas banderas.

63. Beltrán Duguesclín fué á Chalóns á buscar los 30,000 hombres que formaban las *grandes compañías,* enganchándolos con el pretexto de ir á España y arrojar de ella a los sarracenos. Ofrecióles desde luego doscientos mil florines de oro, asegurándoles no les faltaría quien les diese en el camino otro tanto Como parecía que iban á guerrear contra infieles, cuando llegaron á Avignón, residencia entonces del Papa, levantó éste la excomunión que había lanzado contra las *grandes compañías,* mas como rehuzara darles dinero, se alborotaron los soldados: amenazóles el Pontífice con retirarles la absolución, y ellos se entregaron á saquear la comarca é incendiar las poblaciones, viéndose el Papa obligado, para librarse de ellos, á darles cien mil florines; poniéndose inmediatamente en camino hacia Castilla, á fin de cumplir el verdadero proyecto, que era ayudar al bastardo á quitar el trono á D. Pedro. (Latuente.—*Histoia de España)*

64. Vease la nota anterior.

65 Id., id.

66. El Señor de Albret y otros caballeros emparentados con muchos capitanes de la expedición.

67. Histórico.

68. Mandó dar muerte á Juan Fernández de Tobar, hermano de Fernan Sánchez, el que había entregado Calahorra á D. Enrique. (Lafuente.—*Histoia de España)*

69. La infanta D.ª Beatriz, hija de D. Pedro y

heredera del trono, estaba concertada de casar con su primo el hijo del Rey de Portugal.

70. D. Pedro rehusó las bodas, que él mismo solicitó, y no consintió socorrer con nada á su sobrino.

71. Juró á D. Enrique en Santa Cruz de Campezu lo contrario de lo que juró á D. Pedro en Bayona.

72 No contento con el sacrilegio cometido' por no encontrarse en la batalla, obligado como estaba á ello, trató con el caballero Olivier de Mammy, primo de Beltrán Duguesclín, que fingiera hacerle prisionero; por cuyo servicio le daría la ciudad de Logroño, como lo hizo.

73. El hijo del rey de Inglaterra Eduardo III.

74. Histórico.

75. Véase la nota 72.

76. 3 de Abril de 1377.

77. Hermano del Príncipe de Gales y prometido esposo de D ª Constanza, la hija de D Pedro.

78 El condestable Juan Chandós, famoso paladín, emulo del bretón Beltrán Duguesclín.

79. El capitán de las grandes compañías fué uno de los prisioneros en la batalla de Nájera; tocóle en suerte al Príncipe Negro. (Lafuente.—*Historia de España*)

80 Histórico.

81. Habíale prometido el señorío de Vizcaya y Castrojeriz, así como las pagas y soldadas de sus tropas, y la ciudad de Soria á Juan Chandós (Lafuente.—*Historia de España*)

82. Á los dos días de su entrada en Córdoba, una noche á deshora recorrió la ciudad con una compañía armada, visitando las casas que le designaron como de partidarios de D. Enrique. El resultado de esta misteriosa y nocturna expedición fueron dieciséis víctimas.

83. En el arenal que se halla á orilla del río.

84. Los llantos, suspiros, lamentos y súplicas de las mujeres reanimaron á los defensores de Córdoba. (Lafuente —*Historia de España.)*

85. Ya hemos dicho que era hermano de la infortunada D.ª Juana de Castro. Merece consignarse un rasgo de amor patrio que dió D. Pedro en estas postreras luchas. Cuando los de Logroño y Vitoria, hostigados por la gente del bastardo, le consultaron el apuro en que se hallaban, y si en el caso de no poder ser socorridos les daba licencia para entregarse al Rey de Navarra, D. Pedro les contestó que *nunca se partiesen de la corona de Castilla, y que antes se diesen á D. Enrique que al navarro.* (Id., id.)

86. Dióse la batalla el 14 de Marzo, con gran sorpresa de D. Pedro, que no creía tan próximo á su hermano. Un tanto desordenada la hueste del Rey, como de no hallarse apercibida, los aliados moros, que en número de mil quinientos ginetes venían, fueron los primeros en desbandarse y huir. El cronista castellano cuenta como sumamente rápido y fácil el triunfo de el de Trastamara. Pero el francés Froisart afirma haberse peleado dura y maravillosamente: don Pedro combatía con tal valor, manejando un hacha, que nadie osaba acercársele. Pero desordenados y fu-

gitivos los suyos, y muertos muchos, tuvo al fin que retirarse al castillo de Montiel, que D. Enrique hizo rodear con una cerca de piedra, guardada por tanta gente, que ni un pájaro hubiera podido salir del castillo sin ser visto.

87. Histórico.

88 En la Catedral de Sevilla, y en la cripta de la capilla de Ntra. Sra. de los Reyes, está la tumba con los restos de D. Pedro y D. Fadrique.

89. Lafuente.—*Historia de España.*

ÍNDICE

IMPRIMIÓSE ESTE LIBRO
en la Muy Noble y Muy Leal Ciudad de Sevilla,
á expensas del Excmo. Sr. D. Manuel Pérez
de Guzmán y Boza, Marqués de Jerez de
los Caballeros, y en la Oficina de Enrique Rasco, Bustos Tavera 1.
Acabóse á X días del mes
de Septiembre del año
MDCCCXCVIII

HISPALIS

CPSIA information can be obtained at www.ICGtesting.com
Printed in the USA
BVOW09s0952020116

431598BV00020B/430/P

9 781247 682587